Filosofia do zen-budismo

Dados Internacionais de Catalogação na Publicação (CIP)
(Câmara Brasileira do Livro, SP, Brasil)

Han, Byung-Chul
 Filosofia do zen-budismo / Byung-Chul Han ;
tradução de Lucas Machado – Petrópolis, RJ :
Vozes, 2019.
 Título original: Philosophie des Zen-Buddhismus
 Bibliografia.

 2ª reimpressão, 2021.

 ISBN 978-85-326-6236-1
 1. Budismo 2. Filosofia oriental 3. Zen-budismo
4. Zen-budismo – Filosofia I. Título.

19-28262 CDD-181.043927

Índices para catálogo sistemático:
1. Zen-budismo : Filosofia oriental   181.043927

Maria Paula C. Riyuzo – Bibliotecária – CRB-8/7639

BYUNG-CHUL HAN
Filosofia do zen-budismo

Tradução de Lucas Machado

Petrópolis

© 2002 Philipp Reclam jun. GmbH & Co. KG. Stuttgart

Tradução realizada a partir do original em alemão
intitulado *Philosophie des Zen-Buddhismus*

Direitos de publicação em língua portuguesa – Brasil:
2019, Editora Vozes Ltda.
Rua Frei Luís, 100
25689-900 Petrópolis, RJ
www.vozes.com.br
Brasil

Todos os direitos reservados. Nenhuma parte desta obra poderá ser reproduzida ou transmitida por qualquer forma e/ou quaisquer meios (eletrônico ou mecânico, incluindo fotocópia e gravação) ou arquivada em qualquer sistema ou banco de dados sem permissão escrita da editora.

CONSELHO EDITORIAL

Diretor
Gilberto Gonçalves Garcia

Editores
Aline dos Santos Carneiro
Edrian Josué Pasini
Marilac Loraine Oleniki
Welder Lancieri Marchini

Conselheiros
Francisco Morás
Ludovico Garmus
Teobaldo Heidemann
Volney J. Berkenbrock

Secretário executivo
João Batista Kreuch

Editoração: Leonardo A.R.T. dos Santos
Diagramação: Sheilandre Desenv. Gráfico
Revisão gráfica: Lindsay Viola
Capa: Pierre Fauchau
Adaptação de capa: Editora Vozes

ISBN 978-85-326-6236-1 (Brasil)
ISBN 978-3-15-018185-0 (Alemanha)

Editado conforme o novo acordo ortográfico.

Este livro foi composto e impresso pela Editora Vozes Ltda.

Sumário

Prefácio, 7

Religião sem Deus, 11

Vazio, 57

Ninguém, 85

Habitar lugar nenhum, 113

Morte, 133

Afabilidade, 159

Prefácio

O zen-budismo é uma forma de budismo mahāyāna de origem chinesa e orientada para a meditação[1]. O característico do zen-budismo é expresso por aquela estrofe atribuída a seu fundador envolto em lendas, Bodhidharma[2]:

Uma transmissão especial fora dos escritos
independente de palavras e caracteres:

---

1. *Mahā* significa "grande", *yāna* significa "veículo". A tradução literal de *mahāyāna* é, portanto, "grande veículo". O budismo como caminho da salvação oferece, então, "veículo" que deve conduzir os seres vivos para fora da existência prenhe de sofrimento. A doutrina de Buda não é, então, nenhuma "verdade", mas sim um "veículo", ou seja, um "meio" que se torna inútil após se ter alcançado o objetivo. Assim, o discurso budista é livre da compulsão pela verdade que determina o discurso cristão. Em oposição ao budismo hīnayāna [pequeno veículo], que visa a uma autorrealização, o budismo mahāyāna se dedica à salvação de todos os seres vivos. Assim, o bodhisattva, por mais que tenha alcançado uma iluminação completa, se mantém entre seres vivos sofredores a fim de conduzi-los à salvação.

2. Com 28 anos, o patriarca indiano teria chegado à China, para lá fundar a tradição do zen chinês.

mostrar o coração do ser humano
imediatamente, –
ver a própria natureza e se tornar
Buda[3].

Esse ceticismo em relação à linguagem e a desconfiança, tão característica ao zen-budismo, em relação ao pensamento conceitual traz consigo uma formulação enigmática e um encurtamento das palavras. O dito brilha pelo não dito. Formas incomuns de comunicação também são utilizadas. À pergunta "O que é...?", o mestre zen reage, não raramente, com batidas de bastão[4]. Onde as palavras não apanham [o sentido], se usa também gritos vigorosos.

Apesar da postura fundamental de hostilidade do zen-budismo à teoria e ao discurso, o

---

3. Cf. DUMOULIN, H. *Geschichte des Zen-Buddhismus* [História do zen-budismo]. Vol. 1. Berna, 1985, p. 83.

4. Cf. GUNDERT, W. (org.). *Bi-yän-lu* – Meister Yüan-wu's Niederschrift von der Smaragdenen Felswand [Bi-yän-lu – O registro do Mestre Yuan-wu da falésia esmeralda]. 3 vols. Munique, 1960-1973; aqui: vol. 1, p. 517: "Nós apresentamos: o presidente Ding perguntou a Lin-dji: qual é, em última instância, o sentido da lei de Buda? Lin-dji desceu de seu assento zen, o segurou pelo colarinho, o acertou com a palma da mão e o empurrou para longe de si. Ding ficou parado lá, como se ele esperasse por algo. O monge que se sentava ao seu lado disse: presidente Ding, por que você não se curva e agradece? Ding se curvou e agradeceu. E assim, de uma vez só, ele compreendeu tudo".

empreendimento de uma "filosofia do zen-budismo" não se emaranha necessariamente no paradoxo de um épico de haikus, pois também sobre um objeto que não é filosofia em sentido próprio se pode refletir filosoficamente. Pode-se sondar o silêncio linguisticamente, sem afundá-lo, assim, imediatamente na linguagem. A "filosofia do zen-budismo" se nutre de um *filosofar sobre* e *com* o zen-budismo. Ela deve desdobrar conceitualmente a força filosófica inerente ao zen-budismo. Esse empreendimento, todavia, não é inteiramente desprovido de problemas. A experiência do ser ou da consciência à qual a práxis zen-budista se dirige não se deixa ser inteiramente inserida em uma linguagem conceitual. A "filosofia do zen-budismo", porém, tenta dar conta dessa carência linguística usando certas estratégias de sentido e de linguagem.

O presente estudo é concebido "comparativamente". As filosofias de Platão, Leibniz, Fichte, Hegel, Schopenhauer, Nietzsche e Heidegger, entre outras, são confrontadas com as inteleções filosóficas do zen-budismo. O "método comparativo" é utilizado aqui como um método desbravador de sentidos [*sinnerschliessende*].

Nas passagens individuais são inseridos frequentemente haikus. Não se visa, contudo, a tornar concretos fatos abstratos ou a interpretar isso filosoficamente. Eles se comportam uns em relação aos outros como vizinhos. Os haikus[5] citados colocaram o leitor na disposição de ânimo da passagem de texto correspondente. Deve-se considerá-los, então, como belos quadros, que falam silenciosamente na pintura.

---

5. Os haikus são citados segundo a seguinte tradução alemã: BASHŌ, M. *Sarumino* – Das Affenmäntelchen [Sarumino – O pequeno manto do macaco]. Mainz, 1994 [ed. e trad. do japonês por G.S. Dombrady]. • BUSON. *Dichterlandschaften* [*Paisagens de Poeta*]. Mainz, 1992 [trad. do japonês e com uma introdução de G.S. Dombrady]. • KRUSCHE, D. (org.). *Haiku* – Japanische Gedichte [Haiku – Poemas Japoneses]. Munique, 1994. • ULENBROOK, J. (org.). *Haiku* – Japanische Dreizeiler [Haiku – Poemas de três linhas japonesas]. Stuttgart, 1995. • BASHŌ, M. *Hundertundelf Haiku* [Cento e onze haikus]. Zurique, 1987 [seleção, tradução e comentário de Ralph-Rainer Wuthenow].

Religião sem Deus

> *O Grande Buda*
> *Apenas dorme*
> *Na primavera*
> Shiki

Em uma preleção sobre a filosofia da religião, Hegel observa que o objeto da religião seria "Deus e nada mais do que Deus"[6]. Também o budismo não é nenhuma exceção. Assim, Hegel iguala o conceito central do budismo [de] "nada" com Deus: "[...] o *nada* e o Ser-Nada é o Último e o Supremo. Apenas o nada tem verdadeira autossubsistência, toda outra efetividade [*Wirklichkeit*], todo o particular não tem nenhuma. Do nada tudo surgiu, e ao nada tudo volta. O nada é o um, o começo e o fim de tudo. [...] À primeira vista deve se notar que o ser humano pensa Deus como o nada, e

---

6. HEGEL, G.W.F. *Vorlesungen über die Philosophie der Religion I* [Preleções sobre a filosofia da religião I]. Frankfurt a.M., 1986, p. 28 [Werke in 20 Bänden, 16].

isso deve aparecer como a mais estranha excentricidade; mas, vista mais exatamente, essa determinação significa: Deus simplesmente não é *nada determinado*, é o indeterminado; não há nenhuma determinidade de nenhum tipo que seja atribuída a Deus, ele é o indeterminado; isso é o mesmo que: Deus é a negação de todo o particular"[7]. Hegel interpreta o budismo, portanto, como um tipo de "teologia negativa". O "nada" expressa a negatividade de Deus, que se furta a toda determinação positiva. Segundo essa determinação problemática do nada budista, Hegel expressa o seu estranhamento. "Deus, por mais que concebido como nada, como essência [*Wesen*] em geral", é, "todavia conhecido como *esse ser humano imediato*". Com isso se quer dizer o Buda. Que "um ser humano com todas as carências sensíveis seja visto como Deus, como aquele que cria, mantém e produz o mundo eternamente", pareceria "para nós o mais repugnante, revoltante, inacreditável". O "absoluto" seria, e nisso Hegel vê uma contradição, personificado "na

---

7. Ibid., p. 377.

finitude imediata do ser humano": "Um ser humano é venerado, e ele é, como tal, o Deus que toma a figura individual e se entrega, assim, à veneração"[8]. O Buda seria a "substância" em uma "existência individual", que significa o "poder, a soberania, a criação e a manutenção do mundo, da natureza e de todas as coisas".

Em sua interpretação do budismo, Hegel opera, de maneira problemática, com conceitos onto-teo-lógicos como substância, essência, Deus, poder, soberania e criação, que são todos inadequados para o budismo. O nada budista é tudo, menos uma "substância". Ele não é nem "em si essente" nem [algo que] "repousa e permanece em si mesmo". Antes, ele é, por assim dizer, *em si vazio*. Ele não *foge* à determinação para se recolher em seu interior infinito. O nada budista não se deixa determinar como aquela "força substancial" que "rege o mundo e permite que tudo se origine e venha a ser segundo uma ordenação [*Zusammenhang*] racional"[9]. O nada significa, antes, que *nada domina*. Ele não se exterioriza como um

---

8. Ibid., p. 375.

9. Ibid., p. 378.

senhor. Dele não parte nenhuma "soberania", nenhum "poder". Buda não *representa* nada. Ele não encarna a substância infinita em uma singularização individual. Hegel emaranha de maneira inadmissível o nada budista em uma relação representacional e causal. O seu pensamento, que se dirige à "substância" e ao "sujeito", não concebe apreender o nada budista.

Pareceria estranho a Hegel o seguinte koan do *Biyan Lu*: "Um monge perguntou a Dung-schan: 'O que há com o Buda?' Dung-schan replicou: 'Um quilo e meio de cânhamo'"[10]. Igualmente estranha para Hegel seria a fala de Dōgen: "Se falo para vocês sobre o Buda, então vocês acreditam que esse Buda teria de dispor de determinadas propriedades corporais e de um brilho sagrado radiante. Se digo: 'O Buda são cacos de tijolos e telhas', então vocês se mostram chocados"[11]. A essas palavras zen, Hegel possivelmente replicaria

---

10. GUNDERT, W. (org.). *Bi-yän-lu*. Op. cit., p. 239.

11. DŌGEN, E. *Shōbōgenzō Zuimonki* – Unterweisungen zum wahren Buddhaweg [Shōbōgenzō Zuimonki – Instruções para o verdadeiro caminho do Buda]. Heidelberg, 1997, p. 128 [registrado por Koun Ejô e comentado por Shohaku Okumura, trad. do inglês por Barbara Knab com consulta ao texto original em japonês].

com a afirmação de que, no zen-budismo, Deus não apareceria na figura de um indivíduo, que Deus, muito antes, "cambalearia" inconscientemente por incontáveis coisas. Assim, o zen-budismo representaria um retrocesso em relação ao budismo usual, pois o seu "progresso" em relação à religião da "fantasia" consistiria, a saber, em que o "cambalear desajeitado" de Deus agora é "apaziguado", que Deus "regressa" da "desordem desértica" "*a si e à sua unidade essencial*". O budismo é, para Hegel, uma "religião do ser dentro de si [*Insichseins*]". A "relação a algo outro" é, agora, "cortada". À religião da fantasia falta, em contrapartida, esse recolhimento. O "um" não está consigo mesmo lá. Antes, ele "cambaleia". No budismo, porém, Deus não está mais disperso em incontáveis coisas: "Em comparação com o estágio anterior, se avançou, então, da personificação que fantasticamente se desintegra em incontáveis montes, para uma [personificação] tal que é determinadamente contida e presente [*gegenwärtig*]"[12]. Esse Deus recolhido

---

12. HEGEL, G.W.F. *Vorlesungen über die Philosophie der Religion I*. Op. cit., p. 375.

em si mesmo aparece "em uma *concentração individual*", a saber, na figura de um indivíduo humano chamado de Buda.

Também à interpretação que Hegel faz da meditação budista falta a postura espiritual do budismo. Segundo Hegel, no aprofundamento meditativo, se visa ao "silêncio do *ser dentro de si mesmo*". Vai-se para "dentro de si" ao se cortar toda "relação a algo outro". Assim, a "meditação" é uma "auto-ocupação consigo mesmo"[13], um "regressar para dentro de si"[14]. Hegel fala até mesmo de "mamar em si mesmo"[15]. Deve-se alcançar, desse modo, uma interioridade pura, absoluta do estar-consigo-mesmo [*Bei-sich-Sein*] que é completamente livre do outro. Afunda-se, assim, naquele "pensamento abstrato *em si*", que, como uma "substancialidade atuante [*wirksam*]", é constitutiva para a "criação e manutenção do mundo". A "santidade do ser humano" consistiria, desse modo, "em que ele, nessa aniquilação, nesse silenciar,

---

13. Ibid., p. 382.
14. Ibid., p. 387.
15. Ibid., p. 385.

se une com Deus, o nada, o absoluto"[16]. Nessa condição do "nirvana", o ser humano, segundo Hegel, "não está mais submetido à gravidade, à doença, à idade"; "ele deve ser visto como o próprio Deus se tornou Buda". No "nirvana" se alcança, então, uma infinitude, uma imortalidade, que representa uma liberdade infinita. Hegel imagina essa liberdade da seguinte maneira: "O pensamento da imortalidade consiste em que o ser humano, em sua liberdade consigo mesmo, é *pensante*; assim, ele é simplesmente independente, um outro não pode invadir a sua liberdade; ele se relaciona apenas consigo mesmo, um outro não pode se fazer valer nele. Essa igualdade comigo mesmo, Eu, esse ser que é consigo mesmo, essa verdadeira infinitude, isso, se se trata então desse ponto de vista, é imortal, não está submetido a nenhuma mudança, é mesmo o imutável, que é apenas dentro de si, se move apenas dentro de si"[17]. A infinitude como liberdade consiste, desse modo, em uma pura interioridade, que

---

16. Ibid., p. 386.
17. Ibid., p. 387s.

não se emaranha em nenhuma exterioridade, em nenhuma alteridade. Nesse afundamento no puro pensamento, o ser humano está inteiramente consigo mesmo, se relaciona apenas consigo mesmo, se apoia apenas em si mesmo. Nenhuma exterioridade atrapalha a sua contemplação autorreferencial. O Deus do budismo hegeliano é caracterizado pela pura "interioridade" do "Eu". Deve-se mostrar mais adiante que o nada budista representa uma contrafigura da interioridade.

Segundo Hegel, em todas as religiões superiores, especialmente, porém, nas cristãs, Deus não é apenas uma substância, mas também um "sujeito". Como o ser humano, Deus deve ser pensado como um sujeito, como uma pessoa. Segundo Hegel, falta, porém, ao nada budista a subjetividade ou, em outras palavras, a personalidade [*Persönlichkeit*]. Ele é, como o Deus indiano, não "*o* [*der*] Eine", mas sim "*esse* [*das*] Um"[18]. Ele ainda não é um *Ele* [*Er*], não é um *Senhor*. Falta a ele a "subjetividade excludente"[19]. Ele não é tão excludente quanto o Deus

---

18. Ibid., p. 347.
19. Ibid., p. 414.

judeu. Essa falta de subjetividade é "suplementada" com a figura do Buda. Assim, o "absoluto" é personificado e "venerado" por meio de um indivíduo empírico, finito. Que um ser humano finito seja visto como "Deus" pareceria, porém, pelo menos assim pensa Hegel, "para nós como o mais repugnante, revoltante, inacreditável". Para Hegel, é uma contradição que o "absoluto" seja representado na figura de um indivíduo finito. Dessa contradição, porém, se origina a sua interpretação equivocada do budismo. Hegel projeta, a saber, a religião cristã, tomada como religião consumada, para qual a figura da pessoa é constitutiva, no budismo, e faz com que este pareça, assim, [em comparação,] faltoso. Escapa a ele, desse modo, a alteridade radical da religião budista. Seria completamente incompreensível para Hegel a exigência do mestre zen Linji de matar o Buda: "Se encontrarem o Buda, matem o Buda [...]. Então chegarão pela primeira vez à libertação, não serão mais acorrentados às coisas e penetrarão tudo livremente"[20].

---

20. *Das Denken ist ein wilder Affe* – Aufzeichnungen der Lehre und Unterweisungen des grossen Zen-Meisters Linji Yixuan [O pensamento é um macaco selvagem. Registros dos ensinamentos e instruções do grande mestre zen Linji Yixuan]. Berna, 1996, p. 111 [trad. do chinês por Ursula Jaranda]

Que falte ao nada budista a "subjetividade excludente" ou a "vontade consciente" não é nenhuma "falta" que deve ser corrigida, mas sim uma força especial do budismo. A ausência de "vontade" ou "subjetividade" é, justamente, constitutiva para a paz do budismo. Também a categoria de "poder" é inadequada para o nada budista, pois ele [o poder] é uma exteriorização da "substância" ou do "sujeito". Ao nada que nega, justamente, toda substancialidade, toda subjetividade, é estranho aquele "poder" que *se* "revela" ou "manifesta". Ele não representa nenhum "poder feitor, atuante"[21]. Ele não "efetua" nada. A ausência do "senhor" exime o budismo, além disso, de toda economia da soberania. A ausência de concentração de "poder" em um *nome* leva a uma ausência de violência. Ninguém representa um "poder". O seu fundamento seria um centro vazio, que não exclui nada, que não é ocupado por nenhum detentor do poder. Essa vacuidade, essa ausência da "subjetividade excludente", faz do

---

21. HEGEL, G.W.F. *Vorlesungen über die Philosophie der Religion*. Op. cit., vol. 1, p. 379.

budismo, justamente, afável. O "fundamentalismo" contradiria a sua essência.

O budismo não permite nenhum chamado de Deus. Ele não conhece nem a interioridade divina, na qual o chamado poderia se afundar, nem a interioridade humana, que careceria de um chamado. Ele é livre de toda *pulsão pelo chamado*. É estranho a ele aquele "impulso imediato", aquela "nostalgia", aquele "instinto do espírito" que demandaria a concreção ou a concentração de Deus "na figura de um ser humano efetivo" (a saber, Cristo)[22]. Na figura humana de Deus, o ser humano veria *a si mesmo*. Ele *se* sentiria em Deus. O budismo, em contrapartida, não é estruturado narcisisticamente.

O mestre zen Dung-Schan teria querido estraçalhar "Deus" "até a morte" com seu "sabre"[23]. O zen-budismo volta, da maneira mais radical, a religião budista à imanência: "Amplamente limpo [*aufgeräumt*]. Nada de

---

22. HEGEL, G.W.F. *Vorlesungen über die Philosophie der Religion II* [Preleções sobre a filosofia da religião II]. Frankfurt a.M., 1986, p. 310 [Werke in 20 Bänden, 17].

23. GUNDERT, W. (org.). *Bi-yän-lu*. Op. cit., vol. 1, p. 239.

sagrado"[24]. Ditos zen como "o Buda são cacos de tijolo e telhas" ou "um quilo e meio de cânhamo" apontam igualmente para uma postura zen-budista que é voltada à imanência. Elas expressam o "espírito do cotidiano"[25] que faz do zen-budismo uma *religião da imanência*. O nada ou o vazio do zen-budismo não é direcionado a nenhum *Lá* divino. A virada radical para a imanência, para o *Aqui*, assinala, justamente, o caráter chinês ou do Extremo Oriente do zen-budismo[26]. Como Linji, o mestre zen Yumen pratica uma *destruição do sagrado*. Ele sabe claramente do que a *paz* depende.

---

24. OHTSU, D.R. (org.). *Der Ochs und sein Hirte* – Eine altchinesische Zen-Geschichte [O boi e seu pastor. Uma história antiga chinesa zen]. Pfulligen, 1958, p. 114.

25. DŌGEN, E. *Shōbōgenzō*. 4 vols. Londres, 1994-1999, aqui: Vol 2, p. 252 [trad. de Gudo Wafu Nishijima e Chodo Cross]. A essa tradução fiel à letra se referem as próximas citações do *Shōbōgenzō*. Nessa edição também são explicados os conceitos importantes do *Shōbōgenzō*, que não apenas podem ser lidos na sua tradução, como também em japonês ou chinês. No fim de cada volume se encontra, além disso, um glossário para expressões em sânscrito.

26. A sutil interpretação de François Jullien do pensamento chinês gira em torno do conceito de imanência (cf. JULLIEN, F. *Umweg und Zugang* – Strategien des Sinns in China und Griechenland [Desvio e entrada – Estratégias do sentido na China e na Grécia]. Viena, 2000).

O mestre contou:
> Logo depois de seu nascimento Buda apontou com uma mão para o céu e com outra para a terra, andou sete passos em círculo, olhou para todas as quatro direções do céu e disse: "No céu e na terra eu sou o único Venerado".
>
> O mestre Yunmen disse: "Tivesse eu vivido nessa época, então teria batido nele com um bastão e o lançado para ser devorado pelos cães – uma aventura sublime pela paz na Terra"[27].

O retrato de mundo zen-budista não é nem direcionado para *cima* nem centrado no *meio*. Falta a ele um centro dominante. Também se poderia dizer: o centro está em toda parte. Todo ente constitui um centro. Como um centro *afável*, que nada exclui, ele espelha o todo em si mesmo. O ente se des-*interioriza*, se abre sem limites em uma amplidão mundial: "Temos de vislumbrar o universo inteiro em um único grão de pó"[28]. Assim, o inteiro universo floresce em uma única flor de ameixa.

---

27. APP, U. (org.). *Zen-Worte vom Wolkentor-Berg* – Darlegungen und Gespräche des Zen-Meisters Yunmen Wenyam [Palavras zen da montanha do portão das nuvens – Explicações e diálogos do mestre zen Yunmen Wenyam] Berna, 1994, p. 208.

28. DŌGEN, E. *Shōbōgenzō*. Op. cit., vol. 1, p. 38.

Aquele mundo que *cabe* em um grão de pó é, certamente, esvaziado de todo sentido teológico-teleológico. Ele também é vazio no sentido de que ele não é ocupado nem por *theos* [Deus] nem por *anthropos* [homem]. Ele é livre de toda cumplicidade que existiria entre *anthropos* e *theos*. O nada do zen-budismo não oferece nada a que se possa se fixar, nenhum "solo" [*Grund*] firme do qual se possa se assegurar, se garantir, nada a que se poderia se agarrar. O mundo é sem fundamento [*Grund*]: "Não há telhado sobre a cabeça e não há terra sob os pés"[29]. "Com uma pancada o céu se parte subitamente em escombros. O sagrado, o mundano desaparecem. O caminho termina no inexplorado"[30]. Transformar o sem fundamento em uma parada e em uma estadia, *habitar* o nada, virar a grande dúvida em um *Sim*, nessa *virada* singular consistiria a força espiritual do zen-budismo. O caminho não leva a nenhuma "transcendência". Seria impossível uma fuga do mundo, pois não há nenhum outro

---

29. OHTSU, D.R. (org.). *Der Ochs und sein Hirte*. Op. cit., p. 115.

30. Ibid., p. 42.

mundo: "No inexplorado ocorre uma virada e, repentinamente, se abre um novo, ou melhor, um *velho caminho*. Então, a lua clara brilha diante do templo e o vento ruge". O caminho desemboca no *ancestral* [*Uralte*], leva a uma profunda imanência, a um mundo *cotidiano* de "homens e mulheres, velhos e jovens, panelas e chaleiras, gatos e colheres"[31].

A meditação zen é radicalmente diferente da meditação de Descartes, que, em sua orientação pela máxima da certeza, se salva da dúvida, como se sabe, por meio da ideia de "Eu" e de "Deus". O mestre zen Dōgen comunicaria a Descartes que ele poderia continuar com a sua meditação, avançar ainda mais com a sua dúvida e aprofundá-la ainda mais, até chegar àquela grande dúvida, até ele mesmo se tornar essa grande dúvida que despedaça inteiramente tanto o "Eu" como a ideia de "Deus". Tendo chegado a essa grande dúvida, Descartes teria, possivelmente, clamado de alegria: *neque cogito neque sum* [Nem penso nem existo]: "O lugar do não pensamento não pode ser medido

---

31. Ibid., p. 115 [grifos de B.-C.H.].

por nenhum conhecimento, pois na esfera do verdadeiro ser-assim [*Soseins*] não há nem 'Eu' nem 'outro'"[32].

Segundo Leibniz, o ser de cada coisa pressupõe um fundamento: "Caso ainda se pressuponha que tem de haver coisas, então, tem de se poder dar um fundamento para *por que elas têm de existir assim como são* e não de outro modo"[33]. Essa pergunta sobre o fundamento leva necessariamente ao fundamento último, que é chamado de "Deus": "O fundamento último das coisas tem de estar, então, em uma substância necessária, na qual o característico das transformações esteja contido apenas de maneira eminente, como em sua fonte: e a essa substância chamamos de *Deus*"[34]. Nesse "fundamento último das coisas" o pensamento que se pergunta pelo porquê chega *à paz*. No zen-budismo se busca uma outra paz. Ela é alcançada, justamente, por meio da suspensão

---

32. Cf. APP, U. (org.). *Zen-Worte vom Wolkentor-Berg*. Op. cit., p. 101.

33. LEIBNIZ, G.W. *Vernunftprinzipien der Natur und der Gnade* [Princípios racionais da natureza e da misericórdia]. Hamburgo, 1956, p. 13ss.

34. Ibid., p. 43.

da pergunta-por-quê, da pergunta pelo fundamento. Àquele Deus da metafísica como fundamento último se opõe uma florescente ausência de fundamento: "Rosas vermelhas florescem em esplêndida confusão"[35]. A palavra zen aponta para uma paz singular: "Ontem, hoje é como é. No céu o sol se levanta e a lua se põe. Diante da janela emerge ao longe a montanha e corre o rio profundo"[36].

Também o pensamento de Heidegger abdica, como se sabe, de toda representação metafísica do fundamento no qual a pergunta pelo porquê chegaria à paz, de um fundamento de explicação [*Erklärungsgrundes*] ao qual se deveria remeter o ser de todo ente. Heidegger cita Silesius: "A rosa é sem porquê, ela floresce porque floresce"[37]. Heidegger contrapõe esse sem-porquê ao "princípio de razão suficiente": *Nihil est sine ratione* [nada é sem razão]. Certamente, não é fácil se demorar no

---

35. OHTSU, D.R. (org.). *Der Ochs und sein Hirte*. Op. cit., p. 46.

36. Ibid., p. 120.

37. HEIDEGGER, M. *Der Satz vom Grund* [O princípio de razão suficiente]. Pfullingen, 1978, p. 68.

sem razão ou habitar nele. Ter-se-á, afinal, que clamar por Deus? Heidegger cita novamente Silésio: "Um coração que por razão de Deus é silencioso como Ele quer, é de bom grado tocado por Ele: Ele é o seu instrumento"[38]. Sem Deus, o coração permaneceria, então, sem "música". Enquanto Deus não tocar, o mundo não soa. Precisa o mundo, então, de um Deus? O mundo do zen-budismo não é apenas sem "porquê", mas também sem qualquer "música" divina. Também o haiku, caso se o escute mais atentamente, não é "musical". Ele não tem nenhum *desejo*, é livre de todo *clamor* ou *nostalgia*. Assim, ele soa *insípido*[39]. Essa insipidez *intensiva* constitui a sua profundidade.

> *Chuva invernal*
> *Um rato vai nas cordas*
> *Deste bandolim*
> Buson

Em *Para que poesia?* escreve Heidegger: "A falta de Deus significa que nenhum Deus recolhe mais visível e univocamente os seres

---

38. Ibid., p. 118.

39. Cf. JULLIEN, F. *Über das Fade* – eine Eloge. Zu Denken und Ästhetik in China [Sobre o insípido – um elogio. Sobre o pensamento e a estética na China]. Berlim, 1999.

humanos e as coisas para si e, de tal coleção, junta a história do mundo e a estadia humana nela. [...] Com essa falta, falta para o mundo o fundamento como o fundante. [...] O fundamento é o solo para um enraizar-se e um ficar [*Stehen*]. A era do mundo para a qual falta o fundamento pende no abismo"[40]. O Deus de Heidegger não é, certamente, aquele fundamento último metafisicamente pensado das coisas, ou seja, a *causa sui* [causa de si]. Como se sabe, Heidegger se distanciou persistentemente desse Deus dos filósofos: "Isso é a causa como a *causa sui*. Assim se enuncia o nome apropriado para o Deus na filosofia. Para esse Deus não pode o ser humano rezar, nem pode fazer sacrifícios a ele. Diante da *causa sui*, o ser humano não pode nem ficar de joelhos em reverência, nem pode ele musicar e dançar frente a esse Deus"[41]. Mas Heidegger se aferra a Deus. Também sob esse aspecto o seu pensamento não se deixa sem mais ser aproximado

---

40. HEIDEGGER, M. *Holzwege* [Caminhos da floresta]. Frankfurt a.M., 1950, p. 248.
41. HEIDEGGER, M. *Identität und Differenz* [Identidade e diferença]. Pfullingen, 1957, p. 70.

do zen-budismo. O zen-budismo não conhece esse divino, frente ao qual se poderia "rezar", "dançar", "musicar" ou "ficar de joelhos em reverência". A *liberdade* do "espírito cotidiano" consistiria, antes, em não ficar de joelhos. Sentar fixamente como uma montanha seria, antes, a sua postura espiritual.

Em sua conferência... *Poeticamente habita o ser humano...* escreve Heidegger: "Tudo que no céu e, assim, sob o céu e, assim, sobre a terra brilha e floresce, que colore e cheira, que sobe e vêm, mas que também vai e cai, mas também soa e silencia, mas também empalidece e escurece. Nisso familiar ao ser humano [...] o desconhecido se envia, para aí permanecer protegido como o desconhecido". "Assim, o Deus desconhecido aparece como o desconhecido por meio da evidência do céu. Esse aparecer é a medida pela qual se mede o ser humano"[42]. O zen-budismo não permitiria essa separação estrita entre o conhecido e o desconhecido, entre o que aparece e o escondido. Tudo que

---

42. HEIDEGGER, M. *Vorträge und Aufsätze* [Palestras e Conferências]. Pfullingen, 1954, p. 197.

floresce e brilha, colore e cheira, sobe e vem, vai e cai, soa e silencia, empalidece e escurece já seria doador de *medida*. Não se busca por algo escondido *atrás* do fenômeno. O segredo seria o revelado. Não há nenhuma esfera superior do ser que teria prioridade frente ao fenômeno, à fenomenalidade. Aquele nada habita a mesma esfera do ser que as outras coisas que aparecem. O mundo *está inteiramente lá* em uma flor de cerejeira. Não haveria nada fora da evidência do céu e da terra, da flor de cerejeira e da lua, nada fora das coisas que aparecem sob a sua própria luz. Se um monge tivesse perguntado para o seu mestre: "Há na terra uma medida?", ele teria possivelmente recebido a resposta: "cacos de tijolo e telhas". Também o haiku deixa que o mundo *inteiro* apareça nas coisas. Ele é completamente aberto na evidência das coisas entre o céu e a terra. Nada ficaria "escondido"; nada se recolhe no desconhecido.

Também Heidegger pensa a coisa a partir do mundo. A essência da coisa consiste, segundo Heidegger, em tornar o mundo manifesto. Ela recolhe, espelha em si a terra e o céu, o divino e o mortal. A coisa *é* o mundo. Mas, em Heidegger, nem toda coisa consegue deixar que o mundo apareça. A compulsão teológica de Heidegger, seu apego a Deus[43] atua seletivamente em relação às coisas. "Deus" *estreita* o "mundo" de Heidegger. Em sua coleção de coisas Heidegger não poderia incorporar nenhuma "praga" (literalmente: os animais inapropriados para o sacrifício a Deus)[44]. Apenas "touro" e "corço" são incorporados em seu mundo-de-coisas. Em contrapartida, incontáveis insetos e animais que não seriam apropriados para o sacrifício habitam o mundo do haiku. Assim, ele é mais cheio, mais afável do que o mundo de Heidegger, pois ele não é apenas livre de *anthropos* [homem], mas também de *theos* [Deus].

> *Um homem*
> *E uma mosca*
> *No ar.*
> Issa
>
> *Apenas pulgas –*
> *E no meu travesseiro*
> *Mija um corço.*
> Bashō

---

43. Cf. BYUNG-CHUL HAN. *Martin Heidegger* – Eine Einführung [Martin Heidegger: uma introdução]. Munique, 1999, p. 119-139.

44. Cf. Ibid., p. 140-175.

Em *O mundo como vontade e representação* escreve Schopenhauer: "Em geral, quando se abstrai das formas [...] e se vai ao fundamento das coisas, se descobre que Śākyamuni [Buda] e Mestre Eckhart ensinam o mesmo". Alguns conceitos da mística eckhartiana como "serenidade" ou "nada" certamente são passíveis de uma comparação. Quando se examina eles mais minuciosamente, porém, ou seja, quando se vai realmente ao [seu] fundamento, se constata ainda uma diferença fundamental entre a mística de Eckhart e o budismo. Também não raramente se liga o zen-budismo com a mística de Eckhart. Mas a representação de Deus que está em seu fundamento é fundamentalmente estranha ao zen-budismo, essa religião da imanência. É que a sua mística se orienta para uma transcendência que, em sua negatividade que recusa todo predicado positivo, se dilui, de fato, em um "nada", mas que se condensa, para além do mundo predicativo, em uma substância extraordinária. Em oposição ao "nada" de sua mística, o nada do zen-budismo representa um fenômeno da imanência.

O Deus de Eckhart produz, além disso, uma vida interior narcisista. "Quando Deus fez os seres humanos", segundo Mestre Eckhart, "aí ele surtiu na alma sua obra igual [a ele]". O "fazer" resulta em uma identificação interior entre quem faz e o feito. "O que eu [...] *faço*, faço eu mesmo e comigo mesmo e em mim mesmo e imprimo minha imagem inteiramente aí." O feito é a *minha* imagem. Eu vejo *a mim mesmo* naquilo que eu faço. Essa estrutura reflexiva é inerente à relação de Deus com as suas criaturas: "Deus ama a si mesmo e à sua natureza, seu ser e sua divindade. No amor (porém), no qual Deus ama (a si mesmo), nele ele ama (também) todas as criaturas. [...] Deus saboreia a si mesmo. No sabor em que Deus saboreia a si mesmo, nele ele saboreia todas as criaturas[45]. Aquele "algo na alma" que se funde com Deus é "o mesmo que desfruta a si mesmo na maneira como Deus o faz"[46]. Desfrutar *a si mesmo*, saborear *a si mesmo* ou amar *a si*

---

45. MESTRE ECKHART. *Deutsche Predigten und Traktate* [Sermões e tratados alemães]. Munique, 1963, p. 271s.

46. MESTRE ECKHART. *Predigten* [Sermões]. Frankfurt a.M., 1993, p. 557 [Werke, 1 – org. de Niklaus Largier].

mesmo são, como um todo, formas da interioridade narcisista. Essa autoerótica divina torna visível a alteridade da mística eckhartiana frente ao zen-budismo. A palavra divina "Eu sou quem eu sou" caracteriza, para Eckhart, o "direcionamento para si mesmo e curvado sobre si mesmo e um repousar-em-si-mesmo e fixar-se em si mesmo". O ser-curvado-sobre-si-mesmo, essa estrutura reflexiva de Deus, é essencialmente estranha ao nada zen-budista. Esse não se recolhe ou se condensa em um "Eu". A interioridade subjetiva unicamente na qual seria possível um saborear *a si mesmo*, um desfrutar *a si mesmo* falta completamente ao coração que jejua do zen-budismo. O nada zen-budista é, a saber, completamente esvaziado de *Si*, da interioridade.

A vida interior do Deus de Eckhart é determinada por um acionismo [*Aktionismus*]. Ele se expressa como um "parir-a-si-mesmo, que arde em si mesmo e que flui e cozinha por si mesmo, uma luz, que na luz e inteiramente consigo na luz penetra inteiramente a si e que inteiramente consigo é inteiramente fluente consigo e curvado sobre si". A vida divina é uma "emanação na qual algo que ondula em si mesmo primeiramente deságua em si mesmo com toda parte de si mesmo em toda parte de si mesmo, antes que derrame e transborde para fora"[47]. Um editor dos sermões e tratados alemães de Eckhart, Josef Quint, observa em sua introdução: "Parece de fato como se esse vaso vazio, que nada quer, nada tem e nada sabe em pobreza espiritual servisse apenas para fitar tediosa e passivamente no deserto silencioso do infinito. Mas não, o que dá a essa mística de Eckhart a marca inconfundível da sensação de mundo ocidental, a marca da infinita vontade de vir a ser e de agir, é que, para Eckhart, a paz eterna no Senhor Deus não é pensável e representável senão como eterna insistência e vir a ser. O deserto silencioso do ser racional infinito divino é, para o pensamento vital de Eckhart, um acontecimento infinitamente cheio de energia [...], ele é, para ele, comparável com um infinito rio fluente flamejante, que, cozinhando a si mesmo, constantemente penetra a si mesmo, antes de derramar no ser

---

47. MESTRE ECKHART. "Expositio Libri Exodi n. 16". In: *Deutsche Predigten und Traktate*. Op. cit., p. 34s.

criado"[48]. Também Rudolf Otto vê no Deus de Eckhart a "dinâmica" incansável "de um movimento interior assombroso, de um processo eterno na vida que aflui para si mesma": "O *numen* de Eckhart é *causa sui*, mas isso não apenas no sentido exclusivo de que toda causa estranha estaria excluída dele, mas também no sentido extremamente positivo de uma produção incessante de si mesmo"[49]. Essa incessabilidade não inere ao nada zen-budista. Aquela "sensação de mundo ocidental", que é determinada pela "infinita vontade de tornar-se e de agir" não é a sensação de mundo do zen-budismo. O exercício zen-budista consistiria justamente em se libertar daquele "persistir eterno". O nada do zen-budismo também é *vazio* no sentido de que ele nem ondula em *si mesmo* nem deságua nem derrama em *si mesmo*, que ele não tem o preenchimento do *Si*, não tem a interioridade cheia, que emanaria em um transbordamento para fora.

---

48. Ibid., p. 34.

49. OTTO, R. *West-östliche Mystik* [Mística ocidental-oriental]. Gotha, 1926, p. 237s.

Como se sabe, Eckhart distinguiria entre Deus [*Gott*] e divindade [*Gottheit*]. A divindade é, por assim dizer, mais antiga que Deus, mais antiga do que o seu "trabalho *efetuante*" e do que sua criação [*Schöpfung*] como "*criação*" [*Machen-schaft*]. Deus "efetua". Em contrapartida, a divindade não tem "nada para efetuar, nela não há nenhuma obra"[50]. A divindade, portanto, está situada aquém da *efetividade* [*Wirk-lichkeit*]. Demanda-se repetidamente tomar a Deus como ele é *em si mesmo*, isto é, em sua divindade. Todo predicado, toda propriedade é um "traje" que oculta o ser-em-si-mesmo de Deus. Deve-se tomar a Deus em sua "simples, pura substância [*substancie*]", "na qual ele apreende puramente a si mesmo": "Pois bondade e justiça são um traje de Deus, já que o vestem. Por isso separe de Deus tudo que o veste e tome-o puramente no vestiário [*kleithûs*], onde ele, descoberto e despido, é em si mesmo"[51]. Ele tem até mesmo de ser des-personalizado: "[...] pois, se amas a Deus,

---

50. MESTRE ECKHART. *Deutsche Predigten und Traktate*. Op. cit., p. 273.

51. MESTRE ECKHART. *Predigten*. Op. cit. p. 429.

como ele é 'Deus', como ele é 'espírito', como ele é 'pessoa' e como ele é 'imagem' – tudo isso tem de ir embora! [...] deves amá-lo como ele é um *não*-Deus, um *não*-espírito, uma *não*-pessoa, uma *não*-imagem; mais ainda: como ele é um simples, puro, claro Um, removido de toda dualidade. E nesse um devemos sempre afundar do algo para o nada"[52]. Deus é nada: ele está "além de tudo que se pode expressar"[53]. Toda imagem "te impede de [chegar a um] Deus *inteiro*"[54]. Onde, porém, a imagem parte, lá está Deus. Toda *representação* de Deus seria uma *imagi*nação, que deve ser negada em nome da "simples, pura substância". A paisagem da alma deve ser desmatada de toda imagem. Apenas essa destruição "apreende Deus em seu deserto e em seu fundamento próprio"[55]. Toda proximidade *imagi*nada de Deus faz com que esse, em contrapartida, se afaste da alma:

---

52. MESTRE ECKHART. *Predigten, Traktate, lateinische Werke* [Sermões, tratados, obras latinas]. Frankfurt a.M., 1993, p. 197 [Werke, 2 – org. de Niklaus Largier].

53. Ibid., p. 187.

54. MESTRE ECKHART. *Predigten*. Op. cit., p. 73.

55. Ibid., p. 129.

"O mais elevado e mais extraordinário que o ser humano pode permitir é que ele abandone a Deus pela vontade de Deus"[56]. Apenas nessa "serenidade" [*gelâzenheit*] Deus se mostra como ele é "em si mesmo". É preciso, por assim dizer, matar o Deus *imagi*nado, a fim de que Deus seja em si mesmo: "Por isso peço a Deus que me livre de Deus; pois meu ser essencial está acima de Deus, na medida em que Deus é tomado como origem das criaturas"[57]. Livrar-se de Deus ou abandonar Deus pela vontade de Deus, essa formulação de Eckhart certamente lembra aquela palavra de Linji: "Se encontrar o Buda, mate-o". Mas esse assassinato não acontece em nome daquela transcendência, que irradiaria além ou "acima" da imagem morta. Antes, ela traz a imanência à luz.

Segundo Eckhart, falta a divindade àquele esforço intencional por Deus. Se o traço fundamental [*Grundzug*] da alma fosse a vontade, ela teria, então de ruir até o seu *fundamento* [*zu Grunde gehen*]. Apenas no "fundamento da

---

56. Ibid., p. 147.
57. Ibid., p. 561.

alma", onde a alma morreu *para si*, Deus *é*. A "serenidade" não seria senão esse ruir-até--seu-*fundamento* da alma. Morrer significa viver na "pobreza" sem nenhuma vontade de saber ou de ter, ou seja, estar ali, sem *se* deleitar com saber ou posse: "Tão quite e simples então, dizemos nós, deve estar o ser humano, de modo que ele não saiba nem conheça, de modo que Deus atue nele, e *assim* pode o ser humano possuir a pobreza. [...] Quem deve ser pobre apenas no espírito, ele tem de ser pobre em todo saber próprio, de modo que não saiba de nada, nem de Deus nem da criatura nem de si mesmo"[58]. A *serenidade* [*gelâzenheit*] significa o não querer. Não se pode nem mesmo querer o não querer. Ela não transcende inteiramente, porém, a dimensão da própria vontade, pois o ser humano abdica de sua própria vontade em nome da vontade de Deus, essa "vontade a mais amável de todas". De fato, não se podem nem mesmo *querer* corresponder à vontade de Deus. Mas a vontade do ser humano é *suspensa* em Deus. Ela

---

58. Ibid., p. 557.

se dirige ao *fundamento* no sentido de que ela *se suspende* naquele fundamento que se exterioriza, por sua vez, como vontade. O nada do zen-budismo, em contrapartida, abandona a dimensão da própria vontade.

Eckhart se aferra à distinção metafísica entre essência e acidente [*mitewesen*][59]. O ser humano deve confrontar a Deus sem aquela "veste", em sua "simples, pura substância". O nada do zen-budismo, em contrapartida, representa a contrafigura da substância. Ele não é despido apenas da "veste", mas também do seu "portador". Ele é, a saber, *vazio*. *Ninguém* se encontraria no vestiário. A vacuidade não é, então, nenhuma "nudeza". Se o zen-budismo deixa, por assim dizer, o dizer brilhar no não dizer, esse silêncio não se dá em nome de uma "essência" inexprimível "acima" do dizível. O brilho não vem de cima. Antes, ele é o brilho das coisas que aparecem, a saber, o brilho da imanência.

A camada profunda do desejo de se fundir com Deus aponta para uma estrutura narcisista. Na *unio mystica* [união mística],

---

59. MESTRE ECKHART. *Predigten, Traktate, lateinische Werke*. Op. cit., p. 142.

o ser humano *se* deleita com Deus. Ele *se* vê em Deus, *se* alimenta, por assim dizer, dele. O zen-budismo é livre de toda autorreferencialidade narcisista. Não haveria nada com que eu poderia me "fundir", nenhuma contraparte divina que espelharia o meu Si. Nenhum "Deus" restitui ou reembolsa o Si. Nenhuma economia do Si anima o coração vazio. O vazio do zen-budismo nega precisamente toda forma de retorno narcisista a si. Ele *des-espelha* o si. De fato, a alma de Eckhart vai ao *fundamento*. Mas ela não *perece para si* inteiramente, como no zen-budismo.

A iluminação [*satori*] não caracteriza nenhum "arrebatamento", nenhum estado incomumente "extático", no qual, porém, se sentiria *a si mesmo*. Antes, ela é o *despertar para o comum*. Não se desperta em um *Lá* extraordinário, mas sim em um *aqui ancestral*, em uma profunda imanência. O espaço que o "espírito cotidiano" habita também não é nenhum "deserto" divino de Eckhart, nenhuma "transcendência", mas sim um mundo múltiplo. O zen-budismo é animado por uma confiança originária [*Urvertrauen*] no Aqui, em uma *confiança no mundo* originária. Essa postura espiritual, que não conhece nem acionismo nem heroísmo, é, de fato, típica para o pensamento do Extremo Oriente em geral. Por causa da sua confiança no mundo, o zen-budismo seria uma religião *mundial* em sentido específico. Ele não conhece nem fuga nem negação do mundo. A expressão zen "nada sagrado" nega aquele lugar extraordinário, extraterrestre. Ela formula uma *ricocheteada* [de volta] para o Aqui cotidiano.

> *Sob um telhado*
> *Dormem as meretrizes*
> *Trevos e Lua*
> Bashō

O "vazio" ou o "nada" do zen-budismo não é nenhum "deserto". O caminho descrito em *O boi e seu pastor* tampouco leva para uma paisagem desolada divina. Pode-se ver, na nona imagem, uma árvore cheia de flores. O zen-budismo habita o mundo fenomênico. O pensamento não se lança naquela transcendência "uniforme" [*monoeides*], inalterável, mas sim se mantém na imanência multiforme. No poema [que acompanha a nona imagem], se diz: "Sem limites flui o rio como ele flui.

Vermelha floresce a flor, como ela floresce"[60]. Na última imagem de *O boi e seu pasto*, no último estágio do caminho, um senhor de idade amigável chega ao mercado, a saber, ao mundo cotidiano. Esse caminho incomum para o comum pode ser interpretado como o caminho para a imanência.

> O rosto sujo com terra, a cabeça inteiramente polvilhada com cinzas.
> Sua bochecha transborda com uma poderosa risada.
> Sem se esforçar pelo mistério e pela maravilha, ele faz subitamente com que as árvores secas floresçam.

A "poderosa risada" é uma expressão extrema do estar livre. Ela aponta para um desprendimento do espírito: "conta-se que uma noite o mestre Yue-shan subiu em uma montanha, viu a lua e irrompeu em uma poderosa risada. Sua risada teria ressoado até trinta quilômetros de distância"[61]. Yue-shan ri *para longe* todo desejo, todo esforço, todo apego, de toda fixação, de todo aprofundamento, se

---

60. OHTSU, D.R. (org.). *Der Ochs und sein Hirte.* Op. cit., p. 45.

61. Ibid., p. 92.

liberta em uma abertura sem limites, que não é restringida ou impedida por nada. Ele ri de maneira a deixar seu coração *vazio*. A poderosa risada derrama do espírito des-limitado, es-vazia-do e des-interiorizado.

Também para Nietzsche, como se sabe, a risada é uma expressão da liberdade. Ele *ri de modo a se libertar, destrói com a risada* toda obrigação. Assim, Zaratustra ri de modo a afastar Deus: "*Dilacerar* Deus nos homens,/assim como o cordeiro no humano,/e rir de maneira dilacerante –/*isso, isso* é a tua felicidade!" Zaratustra fala com os "homens superiores": "Assim, *aprendam* a rir de modo a afastar a si mesmos! Elevem seus corações, vocês, bons dançadores, para cima! mais para cima! e não esqueçam a boa risada! Essa coroa do que ri, essa coroa de rosas: a vocês, meus irmãos, lanço essa coroa! Falo do riso sagradamente; vocês, homens superiores, *aprendam* por mim – a rir!" Um heroísmo ou acionismo dramatiza a risada de Nietzsche. A poderosa risada de Yue-shan, em contrapartida, não é nem heroica nem triunfante. Yue-shan irromperia novamente em uma poderosa risada por causa da risada de Zaratustra. Ele comunicaria a Zaratustra que ele poderia também rir de maneira a afastar a sua risada; ele poderia *rir de modo a retornar* ao cotidiano, ao comum. Ele apontaria para Zaratustra que seus "dançadores", em vez e se lançarem ao elevado, teriam primeiramente de pular no chão em que eles pisam, de modo que eles não riam para afastar apenas o *theos*, mas também o *anthropos*, que o "super-homem" teria de, rindo de modo a se libertar e a se afastar, rir até se tornar *ninguém*.

> *Nessa nevasca*
> *As folhas dos narcisos*
> *Ah! Também murcham*
> Bashō

O mestre zen chinês Linji demanda repetidamente de seus monges que habitem o Aqui e o Agora. O seu lema diz: "Quando bate a fome como arroz, quando bate o sono fecho os olhos. Tolos riem de mim, mas o sábio entende"[62]. O mestre zen Enchi Dai-an não teria feito nada senão comer arroz por trinta anos[63]. À pergunta "Qual seria a mensagem mais urgente" responde o mestre zen Yunmen:

---

62. *Das Denken ist ein wilder Affe.* Op. cit., p. 160.
63. DŌGEN, E. *Shōbōgenzō*. Op. cit., vol. 3, p. 225.

"Coma!"[64] Que palavra contém mais imanência do que "Coma!"? O sentido profundo de "Coma!" seria a imanência *profunda*.

> *Vendo o vento*
> *Mastigo o meu arroz*
> *Sou assim mesmo*
> Bashō

Também no Shōbōgenzō se diz: "A vida diária dos Budas e dos patriarcas não são nada senão beber chá e comer arroz"[65]. O mestre Yunmen contou:

> Um monge disse para o mestre Zhaozhou [jap.: Jōshū]: "Acabei de entrar neste monastério. Por favor, me dê a sua instrução!" O mestre Zhaozhou perguntou: "Você já comeu?" – "Sim", respondeu o monge. Zhaozhou disse: "Então vá lavar a sua tigela!" Mestre Yunmen fez a esse respeito a seguinte observação: "Diga-me, isso *foi* uma instrução, ou não foi? Se você disser que foi: O que Zhaozhou disse para ele, então? E se você disser que não foi uma instrução: por que aquele monge chegou, então, à iluminação?"[66]

---

64. APP, U. (org.). *Zen-Worte vom Wolkentor-Berg*. Op. cit., p. 105.

65. DŌGEN, E. *Shōbōgenzō*. Op. cit., vol. 3, p. 226.

66. APP, U. (org.). *Zen-Worte vom Wolkentor-Berg*. Op. cit., p. 168s.

O exemplo 74 do *Biyan Lu* traz igualmente à fala o espírito do zen-budismo: "Toda vez que era hora do almoço, o honorável Dschin-Nju aparecia diante do salão do templo com uma tigela de arroz, fazia uma pequena dança, ria alto e clamava: meus queridos Bodhisattvas, venham e comam o seu almoço!"[67]

Comer arroz quando se tem fome, ou dormir quando se está com sono certamente não significa que se deveria apenas se entregar às necessidades ou inclinações sensíveis. Para satisfazer as necessidades não seria necessário nenhum esforço espiritual[68]. Um longo exercício, em contrapartida, teria que se pre-

---

67. A tradução magnífica de Wilhelm Gunderts, infelizmente, não é completa. Por isso, para os "exemplos" não traduzidos se usa a tradução de Ernst Schwarz: *Bi-yän-lu – Koan-Sammlung. Aufzeichnungen des Meisters vom Blauen Fels* [Biyan Lu. Coletânea de koans – Registros do mestre do penhasco azul] (Munique, 1999, aqui p. 383).

68. Cf. APP, U. (org.). *Zen-Worte vom Wolkentor-Berg.* Op. cit., p. 242: "Yunmen perguntou a Caoshan: "Qual é o exercício do monge? Caoshan respondeu: 'Comer arroz dos campos do monastério'. Yunmen perguntou: 'E se eu o fizer?' Caoshan perguntou em retorno: 'Pode realmente comê-lo?' Yunmen replicou: 'Claro que posso!' Caoshan: 'E como você faz isso?' Yunmen: "O que deveria ser difícil em vestir roupas e comer arroz?" Caoshan disse: 'Por que não diz logo que você tem pelo e chifres (como os animais)?' Assim Yunmen se prostrou".

ceder, antes que *se* fique cansado ou até que, por assim se dizer *se* beba *até o fim*, até não se saber mais se se é quem bebe ou o chá – "completamente esquecido de si, perdido de si: quem bebe unido com a bebida, a bebida [unida] com quem bebe – uma situação incomparável"[69]. No beber chá, o segurar a chaleira já teria de ter sucedido. Deve ser alcançado um estado espiritual especial, no qual as mãos seguram a chaleira como se fossem um com ela, de modo que ela, mesmo quando se soltasse delas, manteria ainda a impressão delas em si[70]. E se precisará comer o arroz até que o arroz o coma. Caso contrário, se terá *matado* o arroz antes de ingeri-lo: "Se meu Eu é vazio, então todas as coisas também são vazias. Isso vale para todas as coisas, seja de qual tipo forem. [...] O que é, então, o que você chama de "refeição"? Onde há, então, mesmo apenas um único grão de arroz?"[71]

---

69. Cf. HERRIGEL, E. *Der Zen-Weg* [O caminho zen]. 3. ed. Weilheim, 1970, p. 40.

70. Ibid., p. 39.

71. APP, U. (org.). *Zen-Worte vom Wolkentor-Berg*. Op. cit., p. 175.

Mestre Yunmen perguntou a um monge: "De onde você vem?" O monge: "Da colher de chá". O mestre: "As pessoas colhem o chá ou o chá colhe as pessoas?" O monge não sabia dar nenhuma resposta. Então, Mestre Yunmen disse em seu lugar: "Você já o disse, mestre! O que eu poderia ainda acrescentar?"[72]

O escrito de Dōgen, *Tenzo Kyokun* [Instruções para a cozinha], que se dedica ao trabalho diário de cozinha do cozinheiro do mosteiro em todos os seus detalhes, dá testemunho novamente daquele espírito do zen-budismo, que se aprofunda ou se afunda no cotidiano. Trata-se aqui de uma cotidianidade singular, que escapa inteiramente à fenomenologia da cotidianidade de Heidegger. O heroísmo que anima a análise do ser-aí de Heidegger vê no cotidiano apenas o "monótono, o hábito, o 'assim como ontem também hoje e amanhã'": "A cotidianidade significa o Como, em conformidade ao ser-aí [ou seja a caracterização ontológica para o ser humano] 'se insere no dia', seja em todos os seus comportamentos,

---

72. Ibid., p. 229.

seja apenas em alguns, destacados pelo ser um com o outro [*Miteinandersein*]. A esse Como pertence também o prazer do hábito, mesmo que ele também force ao enfadonho e 'repugnante'. O amanhã que permanece preparado para o zelo cotidiano é o 'eterno ontem'"[73]. A cotidianidade é a "pálida não consonância [*Ungestimmtheit*] da indiferença, que não se prende a nada e não urge por nada e se entrega inteiramente ao que quer que o dia traga". A existência cotidiana, inautêntica é um "Viver aí, que deixa 'tudo ser' como é"[74]. Heidegger chama ao ser-aí que é "entorpecido" pelo familiar e pelo habitual de "Se" [*Man*]. O "Se" existe "inautenticamente". A "perdição esquecida de si"[75] determina o seu modo de existência. A existência "autêntica" surge, em contrapartida, de uma "decisividade" heroica de apreender a *si mesmo* apropriadamente. Uma ênfase heroica no Si livra o ser-aí da "perdição esquecida de si" da cotidianidade, e leva-o à

---

73. HEIDEGGER, M. *Sein und Zeit* [Ser e tempo]. 17. ed. Tübingen, 1993, p. 370s.

74. Ibid., p. 345.

75. Ibid., p. 277.

existência autêntica. Essa existência contrasta com o modo de existência do "espírito cotidiano", que se poderia chamar de cotidianidade "autêntica" ou de "autenticidade" desprovida de si. Essa cotidianidade *profunda* é trazida à palavra pelo dito zen: "Tudo é como antigamente. Ontem à noite comi três tigelas de arroz, hoje cinco tigelas de trigo"[76]. A fórmula zen-budista da iluminação, traduzida na terminologia heideggeriana, diria: *Se come*. Esse *Se*, todavia, é portador daquele "espírito cotidiano" que é livre de toda a ênfase do Si, de todo acionismo e heroísmo.

O tempo cotidiano do zen-budismo, o tempo sem preocupação não conhece aquele "instante", que, como o "pico" do tempo, como o "olhar da decisividade", rompe o "feitiço" do tempo cotidiano, e, de fato, em uma ênfase heroica do si: "Esse *Se-decidir* do ser-aí [...] por si mesmo [...] é o *instante*"[77]. O tempo cotidiano

---

76. OHTSU, D.R. (org.). *Der Ochs und sein Hirte*. Op. cit., p. 120.

77. HEIDEGGER, M. *Die Grundbegriffe der Metaphysik* [Os conceitos centrais da metafísica]. 2. ed. Frankfurt a.M., 1992, p. 223s. [Gesamtausgabe, 29/30].

do zen-budismo é um tempo sem "instante". Ou ele consiste em instantes do cotidiano. O tempo se dá sem a ênfase do "instante". Ele se dá onde se *demora* na visão do habitual.

> "Qual é o cerne da doutrina correta?" O mestre disse: "O cheiro de arroz cozido!"[78]

A iluminação é um despertar para o cotidiano. Toda busca por um *Lá* extraordinário faz com que se desvie do caminho. Deve ocorrer um salto para o *Aqui* comum: "Para que a busca? Desde sempre o boi jamais foi perdido"[79]. O olhar deve, em vez de se lançar para outro lugar, se aprofundar na imanência: "Precisamos sempre olhar atentamente para o lugar em que nossos pés pisam e não podemos nos perder na distância. Porque onde quer que vamos e fiquemos, o boi já está sempre em verdade sob os nossos pés"[80]. No koan dezenove do *Mumonkan* se diz:

---

78. APP, U. (org.). *Zen-Worte vom Wolkentor-Berg*. Op. cit., p. 97.

79. OHTSU, D.R. (org.). *Der Ochs und sein Hirte*. Op. cit., p. 13.

80. Ibid., p. 71.

> Um dia perguntou Chao-chou a Nan-ch'uan: "Qual é o caminho?" Nan-ch'uan disse: "O espírito cotidiano é o caminho". Chao-chou disse: "É preciso se voltar para ele ou não?" Nan-ch'uan disse: "Quem se volta especialmente para ele se desvia dele"[81].

O coração não deve ansiar por nada, nem mesmo pelo "Buda". O anseio erra, justamente, o caminho. A exigência incomum do mestre zen Linji de matar a Buda aponta para aquele espírito cotidiano. O que vale é liberar o espaço do coração, libertá-lo também do "sagrado". Ir-sem-intenção [*Absichtlos-gehen*] é o próprio caminho. Nessa ausência de intenção, nesse singular *tempo sem preocupação*, o dia sucede.

> Um dia o mestre disse: "Hoje faz onze dias desde o começo do tempo dos exercícios de verão. Encontraram uma entrada? O que dizem?" No lugar dos ouvintes mudos, o mestre Yunmen disse: "Amanhã é o décimo-segundo dia"[82].

---

81. DUMOULIN, H. *Mumonkan: Die Schranke ohne Tor – Meister Wu-men's Sammlung der achtundvierzig Kôan* [Mumonkan: A barreira sem portão – A coleção de quarenta e oito koans de Wu-men]. Mainz 195, p. 85.

82. APP, U. (org.). *Zen-Worte vom Wolkentor-Berg*. Op. cit., p. 226.

"Um dia atrás do outro é um bom dia"[83], e de fato lá, onde se desperta para o espírito cotidiano. O dia [*Tag*] bem-sucedido é o dia a dia [*All-Tag*] *profundo*, que repousa em si mesmo. O que importa é contemplar, na repetição do comum, do *ancestral*, o incomum. O *satori* deságua em uma singular repetição. O tempo da repetição como *tempo sem preocupação* promete um "bom tempo". O cântico para o koan do *Mumonkan* citado acima soa:

> Cem flores na primavera, no outono a lua –
> Um vento fresco no verão, no inverno neve.
> Se no espírito nada de inútil se prende
> Isso é realmente tempo bom para o ser humano[84].

---

83. GUNDERT, W. (org.). *Bi-yän-lu*. Op. cit., vol. 1, p. 147.

84. DUMOULIN, H. *Mumonkan: Die Schranke ohne Tor*. Op. cit., p. 85.

Vazio

> *O mar escuro*
> *Lá, o grito dos patos*
> *Brilha em branco*
> Bashō

A substância (em latim: *substantia*; em grego: *hypostasis*, *hypokeimenon*, *ousia*) é, certamente, o conceito fundamental do pensamento ocidental. Segundo Aristóteles, ela caracteriza o constante em toda transformação. Ela é constitutiva para a unidade e mesmidade [*Selbigkeit*] do ente. O verbo latino *substare* (literalmente: estar embaixo), ao qual remonta a *substantia*, também tem o sentido de "ficar parado" [*standhalten*]. *Stare* [ficar] é usado igualmente no sentido de "se sustentar, se afirmar, ficar parado". A atividade do subsistir e do permanecer é característica, então, à substância. Ela é o Mesmo, o idêntico, que, permanecendo em si mesma, se demarca *em relação ao outro* e, assim, se afirma. Também *hypostasis* significa, além de "base" ou "essência", também "ficar parado" e "imobilidade". A substância, por assim dizer, está fixa em *si*. Nela, está inscrito o anseio por *si*, pela autopossessão. No uso corrente, *ousia* significa, de maneira característica, "capacidade, posse, propriedade, presença" ou "posse fundamental". A palavra grega *stasis* significa, além disso, não apenas "ficar", mas também "insurreição, revolta, dilema, discordância, disputa, inimizade" e "partido". Esse átrio linguístico do conceito de substância, que se mostra justamente nada pacífico ou afável, prefigura a ele de maneira correspondente. A substância se baseia na separação e na distinção. Essa distinção demarca o um em relação ao outro, mantém aquele em sua mesmidade frente a esse. Assim, a substância não se deposita na abertura, mas sim no fechamento.

O conceito budista central *śūnyatā* [vacuidade] representa, de muitas maneiras, o conceito oposto ao de substância. A substância é, por assim dizer, *cheia*. Ela é preenchida de *si*, do próprio. *Śūnyatā* representa, em contrapartida, um movimento de des-*apropriação*. Ele es-*vazia* o ente que permanece em si, que se afunda em si ou que se tranca em si. Ele o afunda em uma abertura, em uma amplidão aberta. No campo do vazio, nada se condensa em uma presença massiva. Nada se sustenta apenas em si mesmo. O seu movimento des-limitador, des-apropriador suspende o para-si monádico em uma relação recíproca. O vazio, todavia, não representa nenhum princípio originário, nenhuma primeira "causa", da qual "surgiria" todo ente, tudo dotado de forma. Não inere a ele nenhum "poder substancial" do qual partiria um "efeito". E nenhuma "ruptura" ontológica o elevaria a uma ordem superior do ser. Ele não marca nenhuma "transcendência" que precederia à forma fenomênica. Assim, forma e vazio estão situados na mesma esfera do ser. Nenhuma escala do ser separa o vazio da "imanência" das coisas fenomênicas. A "transcendência" ou o "inteiramente outro" não representa, como se enfatizou frequentemente, um modelo de ser do Extremo Oriente.

As pinturas de paisagens de Yu Chien inspiradas pelo zen-budismo, *Oito vistas de Hsiao Hsing*, podem ser interpretadas como vistas do vazio. Elas consistem em pinceladas fugidias, apenas sugestivas, rastros, por assim dizer, que não fixam nada. As formas representadas surtem efeito revestidas de uma característica ausência. Tudo parece tender, mal tendo estado ali, a mais uma vez mergulhar na ausência. As formas parecem se recolher na amplidão infinita do solo branco. Uma timidez mantém a articulação em um equilíbrio característico. As coisas, em um desprendimento, pairam entre presença e ausência, entre ser e não ser. Elas não expressam nada de definitivo. Nada urge; nada se limita, nada se fecha. Todas as figuras passam uma na outra, se aconchegam, se espelham, como se o vazio fosse um *meio da afabilidade*. O rio repousa, a montanha começa a fluir. Terra e céu se aconchegam. O característico nessa paisagem é que o vazio não faz que a figura particular das coisas simplesmente desvaneça, mas sim as deixa reluzir em sua presença *graciosa*. Falta a toda graça uma presença impertinente.

> *Cântico do cuco*
> *Preenche todo bambu*
> *A noite toda*
> Bashō

Nos *Sutras das montanhas e rios*, Dōgen traz à fala uma paisagem especial do vazio, na qual "as montanhas azuis vagam": "não insulte as montanhas ao dizer que as montanhas azuis não podem vagar ou que a montanha do leste não pode cruzar a água. Apenas um ser humano com entendimento grosseiro duvida da expressão 'As montanhas azuis vagam'. É por causa da pobreza em experiências que alguém se admira com uma expressão como 'montanhas que fluem'"[85]. A expressão "montanhas que fluem" não é, aqui, uma "metáfora". Dōgen diria que as montanhas "realmente" fluem. A fala da "montanha que flui" seria metafórica apenas no âmbito da "substância", onde a montanha se distingue do rio. No campo do vazio, porém, onde montanhas e rios brincam uns nos outros, a saber, no âmbito da in-diferença, a montanha "realmente" flui. A montanha não flui *como* o rio, mas sim a montanha *é* o rio. Está suspensa aqui a diferença, baseada no modelo da substância, entre montanha e rio. Na fala metafórica, meramente se "transfere"

---

85. DŌGEN, E. *Shōbōgenzō*. Op. cit., vol. 1, p. 169.

uma propriedade do rio à montanha, enquanto a montanha não fluiria "propriamente". Pareceria apenas *como se* as montanhas estivessem em movimento. Assim, a fala metafórica fala de modo "impróprio". A fala de Dōgen, em contrapartida, não é nem "própria" nem "imprópria". Ela abandona a esfera do ser substancial, unicamente na qual a separação entre fala "própria" e "imprópria" faria sentido.

Na esfera do vazio, a montanha não permanece substancialmente em si. Antes, ela *flui* no rio. Assim, se desdobra uma paisagem *fluente*: "As montanhas pairam sobre as nuvens e vagam pelo céu. O cume da água são as montanhas; o vaguear das montanhas, para frente e para trás, ocorrem constantemente na água. Porque os dedos dos pés das montanhas podem vagar por todo tipo de água, no que levam a água a dançar, o vaguear é livre em todas as direções [...]"[86]. O vazio des-limitador suspende toda oposição estática: "A água não é nem forte nem fraca, nem úmida nem vazia, nem em movimento nem parada, nem fria

---

86. Ibid., p. 172.

nem quente, nem existente nem não existente, nem engano nem iluminação"[87]. A i-limitação vale também para a visão. Busca-se por uma visão que ocorra antes da separação entre "sujeito" e "objeto". Nenhum "sujeito" deve *se* intrometer na coisa. Uma coisa tem de ser vista tal como ela mesma é. Uma certa prioridade do objeto deve preservá-la da apropriação por meio do "sujeito". O vazio *esvazia* aquele que vê no visto. Pratica-se, por assim dizer, uma visão objetual, que se torna objeto, que deixa-ser, que é *afável*. Deve-se observar a água tal como a água vê a água[88]. Uma observação completa ocorreria pelo fato de que o observador se torna, por assim dizer, *da qualidade da água* [*wasserhaft*]. Ela vê a água em seu *ser-assim*.

O vazio é uma in-diferença amigável, na qual aquele que vê *é*, ao mesmo tempo, o que é visto: "O burro vê no poço e o poço no burro. O pássaro vê na flor e a flor vê no pássaro. Isso tudo é a 'reunião [*Sammlung*] no despertar'. A uma criatura está presente em todas as

---

87. Ibid.
88. Ibid., p. 172s.

presenças e todas as presenças aparecem em uma criatura"[89]. O pássaro *é* também a flor; a flor *é* também o pássaro. O vazio é o aberto que permite uma penetração recíproca. Ele estimula a afabilidade. O um ente espelha o todo em si. E o todo mora no um ente. Nada se recolhe em um para-si isolado.

Tudo flui. As coisas passam umas nas outras, se misturam. Assim, a água está em todo lugar: "É a falsa doutrina dos não budistas de que haja lugares onde a água não poderia chegar. Ela penetra as chamas; ela penetra o coração e o entendimento; ela penetra a distinção e a sabedoria iluminada da natureza búdica"[90]. A diferença entre "natureza" e "espírito" é suspensa. A água *é*, segundo Dōgen, "o Sábio, corpo e espírito. Para os sábios que moram nas profundezas das montanhas, elas *são* o seu corpo e espírito: "Devemos lembrar que as montanhas e os sábios são iguais"[91]. O

---

89. OHTSU, D.R. (org.). *Der Ochs und sein Hirte*. Op. cit., p. 94.
90. DŌGEN, E. *Shōbōgenzō*. Op. cit., vol. 1, p. 174.
91. Ibid., p. 177.

exercício consistiria em que os monges que vivem em montanhas se tornem montanhosos, tomando a face vista [*Ge-Sicht*] da montanha.

Seria uma "magia" simplesmente transformar uma montanha em um rio. A "magia" transforma uma substância em outra. Mas ela não transcende a esfera da substância. As "montanhas que fluem" de Dōgen, em contrapartida, não surgem de uma transformação mágica da essência. Antes, representam uma visão cotidiana do vazio, na qual ocorre uma penetração recíproca das coisas: "Na verdade real [*echten Wahrheit*] não há nem magia, nem segredo, nem maravilha. Quem pensa assim se desvia do caminho. Todavia, há, no zen, todo tipo de obra de arte: por exemplo, deixar que o monte Fuji emerja da caldeira, fazer sair água da tocha brilhante, se sentar no poste de madeira ou deixar que duas montanhas se empurrem alternadamente. Mas isso não é magia e nada de maravilhoso, mas sim uma trivialidade cotidiana"[92].

---

92. OHTSU, D.R. (org.). *Der Ochs und sein Hirte*. Op. cit., p. 126.

Em uma cerejeira *moram* primavera e inverno, vento e chuva. Ela *é* também a testa de um monge. Mas ela também se recolhe inteiramente em seu cheiro. O campo do vazio é livre de toda compulsão por identidade: "A velha cerejeira [...] é muito desobrigada. Ela floresce repentinamente e dá frutos por si mesma. Às vezes ela faz a primavera e às vezes o inverno. Às vezes ela toma um vento furioso e às vezes uma chuva pesada. Às vezes ela é a testa de um simples monge e às vezes o olho do eterno Buda. Às vezes ela aparece com grama e árvores e às vezes ela é apenas um cheiro puro"[93]. Não se trata, aqui, de uma fala "poética", a não ser que *poético* designe um estado do ser no qual o burburinho da identidade se cala, a saber, o estado de uma in-diferença especial, na qual a fala, por assim dizer, *flui*. Essa fala que flui responde à paisagem fluente do vazio. No campo do vazio, as coisas se livram da cela de isolamento da identidade em uma unidade-total [*All-Einheit*], na liberdade e desobrigação de uma penetração recíproca. Como o

---

93. DŌGEN, E. *Shōbōgenzō*. Op. cit., vol. 3, p. 172.

branco que a tudo penetra da neve, as coisas mergulham em uma in-diferença. É difícil, a saber, diferenciar entre o branco de uma flor e da neve que aí jaz: "A neve jaz na borda da flor do junco à beira do mar; é difícil de distinguir onde essa começa e onde aquela acaba"[94]. O campo do vazio é, em certo sentido sem *limite*. Interior e exterior se penetram: "Neve nos olhos, neve nas orelhas: é exatamente assim, quanto nos mantemos no âmbito da monocromaticidade [ou seja, do vazio]"[95].

A "monocromaticidade" do vazio *mata*, de fato, as cores que permanecem em si mesmas. Mas essa morte lhes dá, ao mesmo tempo, vida. Elas ganham em amplidão e profundidade, ou em tranquilidade. A "monocromaticidade" não tem, então, nada em comum com a unidade sem diferença, sem cor ou monótona. Poder-se-ia dizer: o branco ou o vazio é a camada profunda ou a *câmara de ar* invisível das cores, ou seja, das formas. O vazio as mergulha, de fato, em uma espécie de ausência. Mas

---

94. GUNDERT, W. (org.). *Bi-yän-lu.* Op. cit., vol. 1, p. 251.
95. Ibid., vol. 2., p. 179.

essa ausência as eleva, ao mesmo tempo, a uma presença particular. Uma presença massiva, que fosse *apenas* "presente", não *respiraria*. A penetração recíproca no campo do vazio não traz consigo nenhuma confusão sem figura e sem forma. Ela preserva a figura. Vazio *é* forma: "Mestre Yunmen disse uma vez: 'o verdadeiro vazio não aniquila o que é. O verdadeiro vazio não é distinto do dotado de forma'"[96]. O vazio impede apenas que o indivíduo se aferre a si mesmo. Ele desfaz a rigidez substancial. Os entes fluem uns nos outros, sem que derretam em uma "unidade" substancial. No *Shōbōgenzō*, se diz: "O ser humano iluminado é como a luz que se espelha na água (literalmente: habita, se aloja): a lua não fica úmida, e a água não é perturbada. Por mais que a luz da lua seja ampla e grande, ela mora em uma pequena [poça de] água. A lua inteira e o céu inteiro moram em uma gota de orvalho em uma folha de grama, em uma única gota d'água. A iluminação não rompe o ser individual, assim como a lua não perfura a água. O ser indivi-

---

96. APP, U. (org.). *Zen-Worte vom Wolkentor-Berg*. Op. cit., p. 167.

dual não perturba o estado da iluminação, assim como uma gota de orvalho não perturba o céu e a lua"[97]. O vazio não significa, então, uma negação do individual. A visão iluminada vê cada ente brilhar em sua unicidade. E nada *impera*. A lua permanece afável à água. Os entes habitam uns nos outros, sem se imporem, sem incapacitarem o outro.

> *A flor no vento*
> *Uma taça respira*
> *A cor desse mar...*
> Buson

O vazio ou o nada do zen-budismo não é, então, a simples negação do ente, a fórmula do niilismo ou do ceticismo. Antes, ele representa a afirmação extrema do ser. Nega-se apenas a demarcação substancial que produz tensões oposicionais. A abertura, a afabilidade do vazio também diz que todo ente não apenas é 'no' mundo, mas *é*, no seu *fundamento*, o mundo, *respirando* em sua camada profunda as outras coisas, ou preparando para elas esse espaço de estadia. Assim, em uma coisa *habita* o mundo inteiro.

---

97. DŌGEN, E. *Shōbōgenzō*. Op. cit., vol.1, p. 35.

O quadragésimo koan do *Mumonkan* diz:

> Mestre Wei-shan servia a princípio sob o discípulo do senhor do Pai-chang como cozinheiro. Pai-chang queria escolher o chefe para a montanha Ta-Kuei. Ele foi junto com [Wei-shan e] o discípulo do trono superior para diante do jovem senhor e permitiu que ambos se manifestassem. Pai-chang pegou uma jarra de água, colocou-a no chão e perguntou: "Se não chamam isso de jarra de água, como que a chamam?" O monge do trono superior disse: "Não se pode chamá-la de sapato de madeira". Pai-chang perguntou a esse respeito a Wei-shan. Wei-shan chutou a jarra de água e saiu de lá. Pai-chang riu então e disse: "O monge do trono superior é inferior a Wei-shan". Assim, ele lhe ordenou a fundação do monastério[98].

Com sua resposta de que não se poderia chamar a jarra de água de "sapato de madeira" o monge do trono superior revelou que ele ainda está preso ao pensamento da substância. Ele concebe a jarra de água, a saber, em sua identidade substancial, que a diferencia do sapato

---

98. DUMOULIN, H. *Mumonkan: Die Schranke ohne Tor*. Op. cit., p. 141.

de madeira. O cozinheiro Wei-schan, em contrapartida, chutou a jarra de água. Com esse gesto singular, es-*vaziou* a jarra de água, isso é, a chutou no campo do vazio.

Na famosa preleção *A coisa*, Heidegger também aborda a jarra de uma maneira muito inconvencional. Com o exemplo da jarra Heidegger esclarece o que a coisa verdadeiramente é. Primeiramente, ele chama atenção ao vazio da jarra: "Como o vazio da jarra comporta? Ele comporta ao tomar a água que é derramada [nele]. Ele comporta ao manter o tomado. [...] O duplo comportar do vazio toca no entornar. [...] O entornar da jarra é presentear. [...] A essência do vazio que comporta é recolhida no presentear. [...] Chamamos a coleção do duplo coletar no entornar, que constitui primeiramente, como [estar] junto, a plena essência do presentear: o presente. A qualidade de jarra [*Krughaft*] da jarra vive no presente do aguaceiro. Também a jarra vazia mantém sua essência a partir do presente, embora a jarra vazia não permita o presentear. Mas esse não permitir é próprio à jarra e apenas à jarra. Uma gadanha, em contrapartida, ou um martelo, não são capazes de um não permitir desse presentear"[99]. Até aqui, Heidegger não vai além da fraca posição do monge do trono superior. Ele também teria dito: a jarra não é uma gadanha. A "essência" da jarra, a saber, o "presente" é o idêntico na jarra, o que a distingue da gadanha e do martelo. Heidegger não abandona, aqui, o modelo da substância. Ele, porém, dá um passo adiante, sem, todavia, chutar a jarra, sem a chutar no campo do vazio: "Na água do presente a fonte demora-se. A fonte demora-se na rocha, recebe nela o cochilo da terra, a chuva e o orvalho do céu. Na água da fonte demora-se o casamento de céu e terra. Ele demora-se no vinho que dá o fruto da videira, na qual o sustento da terra e o sol do céu são familiares um ao outro. No presente da água, no presente do vinho se demoram respectivamente céu e terra. O presente do aguaceiro, porém, é a qualidade de jarra da jarra. Na essência da jarra se demoram terra e céu"[100]. A coisa, então, não é um algo ao qual

---

99. HEIDEGGER, M. *Vorträge und Aufsätze* [Conferências e artigos]. Pfullingen, 1954, p. 170.

100. Ibid., p. 170.

aderiririam *propriedades* determinadas. Antes, são as *referências* mediadas pelo "demorar-se" que fariam da jarra, jarra. Ao lado da terra e do céu, demoram-se no presente do aguaceiro o divino e o mortal: "O presente do aguaceiro é a bebida para os mortais. Ele sacia a sua sede. Ele refresca o seu ócio. Ele aquece a sua felicidade. Mas o presente da jarra é, às vezes, também presenteado à consagração. Se o aguaceiro é para a consagração, então ele não mitiga uma sede. Ele mitiga a festa do fixo no alto. [...] O aguaceiro é a poção oferecida aos deuses imortais. [...] A poção consagrada é o que nomeia a palavra 'aguaceiro' propriamente: oferenda e sacrifício. [...] No presente da fundição que é uma bebida, demoram-se à sua maneira os morais. No presente da fundição que é uma poção, demoram-se à sua maneira os divinos, que recebem de volta do presente do presentear como o presente da oferenda. No presente da fundição se demoram diferentemente os mortais e os divinos"[101]. A jarra *é* ao permitir que terra e céu, os divinos e os

---

101. Ibid., p. 171.

mortais demorem-se nela, ou seja, ao "reuni-
-los" [*versammelt*]. Heidegger chama da "reunião" [*Versammlung*] dos "quatro" o "mundo",
ou seja, o "quadrado" [*Geviert*]. A jarra *é* o
mundo. A "essência da jarra" é a relação entre
terra e céu, os divinos e os mortais. De fato,
Heidegger pensa a coisa a partir dessa relação dos "quatro". Mas, ele se aferra, ao mesmo
tempo, ao modelo da "essência". A coisa não
está livre da figura da substância. Heidegger
atribui a ela uma interioridade que a isola monadicamente. Assim, uma coisa não consegue
comunicar-se com outras coisas. Cada coisa
reúne *solitariamente para si* céu e terra, os divinos e os mortais. Ela não conhece nenhuma
vizinhança. Não há nenhuma proximidade
entre as coisas. As coisas não se demoram ou
não habitam umas nas outras. Cada coisa está
isolada para si. A coisa de Heidegger é, como a
mônada, sem janelas. O vazio zen-budista, em
contrapartida, estimula uma proximidade avi-
zinhada entre as coisas. As coisas falam umas
com as outras, espelham umas às outras. A
flor de cerejeira mora no lago. A lua e a montanha brincam um no outro.

> *Sino declara*
> *O dia. O cheiro das*
> *Flores vem depois*
> Bashō

Heidegger também tenta pensar o mundo de modo relacional. Terra e céu, divino e mortal não são grandezas fixas, substanciais. Elas se penetram, espelham umas às outras: "Nenhum dos quatro se aferra a seu particular isolado. Cada um dos quatro é antes, no interior de sua unificação, o jogo de espelhos do quadrado"[102]. É interessante a expressão "desapropriado para um próprio". A desapropriação não anula, então, o próprio. Ela nega apenas a *proprie*-dade que se aferra a si e permanece em si mesma. Cada um dos quatro se encontra primeiramente por meio do outro. Cada um deve o seu próprio à sua relação com o outro. A relação é, por assim dizer, mais velha do que o "próprio". A "unificação" liga os quatro na "simplicidade [*Einfalt*] de seu para-o-outro essencial". Essa "simplicidade" permanece, porém, em si múltipla ou quádrupla. Assim, ela liberta cada um dos quatro em seu próprio. Ela não representa,

---

102. Ibid., p. 178.

portanto, aquela unificação que oprime o próprio em nome de uma unidade.

O "mundo" não é, então, um algo substancial, mas sim uma relação. Nesse mundo-relação, o um espelha o restante em si: "Cada um dos quatro espelha à sua maneira a essência dos restantes. Nisso, cada um se espelha à sua maneira em seu próprio de volta no interior da simplicidade dos quatro". O mundo como "jogo de espelhos" ocorre para além da relação de fundamentação. Nenhum "fundamento" anterior consegue o "explicar". Assim, Heidegger recorre a uma formulação tautológica: "O mundo é ao mundar. Isso diz: o mundar do mundo não é nem explicável por outro nem fundamentável por outro. Esse impossível não consiste em que o nosso pensamento humano seria incapaz de tal explicar e fundamentar. Antes, o inexplicável e infundamentável do mundar do mundo se baseia no fato de que algo como causas e fundamentos permanecem inadequados ao mundar do mundo. [...] Os alguns quatro já são sufocados em sua essência se se os representa apenas como algo efetivo individualizado, que devem ser fundamentados um pelo outro e explicado um pelo outro"[103]. Nenhum dos quatro é um efetivo individualizado. O mundo não é uma unidade que consiste em "substâncias" isoladas para si. Em certo sentido, também Heidegger es-*vazia* o mundo. O centro do "anel-espelhante-brincante" dos "quatro"[104] é vazio. Heidegger não permanece, contudo, no interior dessa relacionalidade. Poder-se-ia também dizer: Heidegger não vai até o fim no relacional, a saber na ausência da interioridade substancial. Já a figura do "anel" sugere, apesar de seu centro vazio, uma certa interioridade. O seu fechamento preenche o vazio do centro com uma interioridade. O pensamento de Heidegger não permanece completamente relacional ou horizontal. Isso se torna claro na figura de Deus. É que Heidegger olha, para além do relacionamento do mundo, para *cima*. No âmbito dos divinos se encontra, a saber, uma janela icônica, pois os divinos não são idênticos com "Deus". Eles são subordinados àquele "Deus" que não surge no

---

103. Ibid.
104. Ibid., p. 179.

"relacionamento" do mundo. Por causa dessa existência extramundana, Deus consegue recolher-se em *si mesmo*, ou, em outras palavras, erigir uma interioridade.

A interioridade que falta amplamente ao "relacionamento" é assim restituída no "Ele": "O Deus é [...] desconhecido e, contudo, é a medida. Não apenas isso, mas o Deus que permanece desconhecido precisa, ao *se* mostrar como aquele que ele é, aparecer como aquele que permanece desconhecido"[105]. Essa interioridade torna possível a invocação de Deus. O mundo não seria *vazio*, na medida em que apontaria ainda para Deus. O mundo zen-budista, que se baseia no vazio, é esvaziado tanto do *anthropos* quanto do *theos*. Ele não *aponta* para nada. Tem-se a impressão de que Heidegger faz com que o "anel" do mundo gire em torno de um eixo teológico escondido. Esse movimento em círculo singular faz com que surja uma outra interioridade no centro "vazio".

Heidegger conhecia bem a figura zen-budista do vazio. Também no diálogo fictício

---

105. Ibid., p. 197.

com o "japonês" Heidegger faz com que esse aponte para o fato de que o palco do "teatro nō" é "vazio"[106]. Nessa figura do vazio, Heidegger projeta, então, o seu pensamento. Ao fazê-lo, ele inscreve na figura uma interioridade que é certamente estranha ao vazio zen-budista. Heidegger utiliza o vazio para a caracterização da figura central de seu pensamento, o "ser". O "ser" caracteriza o "aberto" [*Offene*], que torna todo ente manifesto [*offenbar*], sem, todavia, manifestar-se ele mesmo. Ele não é ele mesmo "ente", mas todo ente deve a ele o seu contorno dotado de sentido. Ele permite que o ente seja, como ele *jamais é*. Por isso, o ser possibilita a relação correspondente ao ente. Heidegger faz, aí, da "jarra" uma parábola para aquele aberto do ser. Segundo essa parábola, o "vazio", ou seja, o "*centro oco*" da jarra, não é um mero resultado. Não é que as paredes moldadas da jarra deixem o vazio como um lugar que não é ocupado por nada. Antes, é o vazio que deixa que as paredes primeiramente surjam em tor-

---

106. HEIDEGGER, M. *Unterwegs zur Sprache* [A caminho da linguagem]. Pfullingen, 1959, p. 106.

no dele. O vazio é, por assim dizer, mais velho que as paredes. Não o vazio se deve às paredes, mas sim as paredes surgem do vazio: "Aqui reconhecemos [...] que não é um vazio arbitrário que é envolto apenas pelas paredes e deixado sem ser preenchido por 'coisas', mas sim, inversamente, o centro oco é o determinante-caracterizante e portador para a paredação das paredes e suas bordas. Essas são apenas a emanação daquele aberto originário, que deixa sua abertura ser ao demandar tal paredação (a forma de recipiente) em torno de si e em si. Assim, o ser [*Wesung*] do aberto reflete no envolvente"[107]. A "paredação" é a "emanação" do vazio. O aberto do "centro oco" "demanda" a paredação "no sentido de *si*". Esse "em *si*" dá testemunho da interioridade do vazio. O vazio ou o aberto é, por assim dizer, a *alma* da jarra. A figura ou a forma seria a emanação de sua interioridade almal.

Também para Heidegger o vazio é, então, tudo menos uma mera ausência de algo. Ele

---

107. HEIDEGGER, M. *Beiträge zur Philosophie* – Vom Ereignis [Contribuições para a filosofia – Do acontecimento]. Frankfurt a.M., 1989, p. 339 [Gesamtausgabe, 65].

expressa, antes, um acontecimento dinâmico, que, sem mostrar a si mesmo como "algo", porta, marca, de-*fine* [*be-stimmt*] e con-*tém* [*um-spannt*] e, desse modo, man-*tém* [*ein-spannt*] tudo o que é uma unidade tonal. Ele se manifesta como uma disposição *funda-nte* [*grund*-legende], que *a-fina* [*durch-stimmt*] tudo que é presente. A disposição-fundamental [*Grund-Stimmung*] liga, reúne as presenças múltiplas em uma tonalidade abrangente, na interioridade de uma *voz* [*Stimme*]. Nessa extensão [*Um-Spannung*] o vazio estende [*ausspannt*] um lugar. O lugar é mantido e coletado na força reunificadora, *interiorizadora* do vazio: "Com frequência ele [ou seja, o vazio] aparece como uma falta. O vazio vale, então, como a falta de um preenchimento de espaços ocos e hiatos. Supostamente, todavia, o vazio é justamente irmanado com o próprio do lugar e por isso não é uma falta, mas sim um produzir. Novamente, a linguagem pode nos dar uma dica. Na palavra temporal 'esvaziar' [*leeren*] fala o 'ler' [*Lesen*] no sentido originário do recolher, que ocorre no lugar. Esvaziar o copo significa: recolhê-lo como o comportador em seu tornar-se livre. O vazio não é [um] nada.

Ele também não é uma falta. Na corporificação plástica, o vazio joga à maneira do promover buscante-esboçante de lugares"[108]. O vazio *esvazia*, ou seja, recolhe o presente em [estar] junto recolhido do lugar. Ele é o que mantém tudo junto, o "determinante-marcante e portador", antecedendo, em certo sentido, o portado ou seja, o marcado. Ele mesmo é, de fato, "invisível", mas enche de luz todas as visibilidades, faz com que o presente se destaque primeiramente em sua possibilidade de sentido [*Sinnhaftigkeit*]. O recolhedor, per-*passante* vazio empresta ao lugar uma interioridade, uma *voz*. Ele o *anima*. Heidegger concebe o lugar a partir dessa força recolhedora: "Originalmente, o nome 'lugar' significa o cume da lança. Nele, tudo concorre. O lugar recolhe para si o supremo e o último [*Äusserste*]. O recolhedor penetra e atravessa tudo. O lugar, o recolhedor, recolhe para si, guarda o recolhido, mas não como uma cápsula que fecha, mas sim de modo que ele enche de luz e ilumina

---

108. HEIDEGGER, M. *Aus der Erfahrung des Denkens* [A partir da experiência do pensamento]. Frankfurt a.M., 1983, p. 209 [Gesamtausgabe, 13].

o recolhido e, desse modo, o libera primeiramente em sua essência"[109].

A "ponta da lança", que permite que tudo corra sobre *si*, concretiza o movimento fundamental da interioridade, que também determina o vazio heideggeriano. Falta ao vazio zen-budista, em contrapartida, qualquer "ponta". Ele não domina como um centro recolhedor que "recolhe tudo para si" ou que "demanda que tudo esteja ao seu redor ou se dirija no sentido de si". Ele é completamente esvaziado dessa interioridade e gravidade do sentido-de-si. Justamente a ausência da "ponta" dominadora faz dele *afável*. O vazio zen-budista é *mais vazio* do que o vazio de Heidegger. Poder-se-ia também dizer: o vazio do zen-budismo é sem *alma* e sem *voz*. Ele está mais para *disperso* do que "recolhido". Ou: É inerente a ele uma coleção singular, a saber, uma *coleção sem interioridade*, uma *disposição* [Stimmung] sem *voz* [Stimme].

> *Pelo cheiro da*
> *Ameixa nasce o sol*
> *Nessa colina*
> Bashō

---

109. HEIDEGGER, M. *Unterwegs zur Sprache*. Op. cit., p. 37.

Ninguém

> *Ninguém passa por*
> *Este caminho nesta*
> *Tarde d'outono*
> Bashō

A alma é, para Leibniz, uma "mônada" que, como um espelho, espelha o universo em si mesma. A ela, porém, não é própria aquele repouso e ausência de si que permitiria que ela se tornasse um eco afável do mundo. O seu espelhamento se realiza, antes, como uma representação ativa [*perception*]. Inere a ela um "anseio" [*apetition, appetit, appetitus*]. O verbo latino *appetere* significa "tentar pegar algo, ir na direção de algo" ou "atacar algo". Assim, a mônada apanha de modo representativo o mundo. A percepção é uma espécie de acesso ao mundo. A mônada tem, por assim dizer, apetite constante; ela anseia e deseja. O *desejo* seria o traço fundamental da *alma*. O apetite mantém a mônada viva, ou seja, no ser. A ausência de apetite equivaleria à morte. *Ser* significaria, então, *ter-apetite*.

A mônada não se comporta receptivamente, mas sim expressivamente. O seu mundo não surge realmente de um espelhamento passivo. Ele é, antes, *sua* expressão [*expressio*]. Ao "exprimir" [*exprimere*] o mundo ou o universo de modo representativo, ela expressa *a si mesma*. Na representação do mundo [*reprasentatio mundi*] ela apresenta *a si mesma*. A alma ou a mônada *é* o que ela demanda em seu apetite. O desejo ou a vontade [*conatus*] é constitutivo para seu ser. O *appetitus* pressupõe um tipo de *ego*, um tipo de *interioridade*, na qual "*de ce qui est dehors*" [aquilo que está lá fora][110] é tomado, incorporado como um sustento. A alma só é, relacionada ao ser humano, um *alguém*, na medida em que ela *deseja*. Alguém *é* aquilo que a alma deseja e anseia por: "Pelo fato de que a mônada seja de tal modo representadora, ela apresenta e representa a si mesma, se presentifica e, assim,

---

110. LEIBNIZ, G.W. *Vernunftprinzipien der Natur und der Gnade.* Op. cit., p. 2.

representa aquilo que ela demanda em seu esforço. O que ela representa de tal maneira *é* ela. [...] Um homem 'representa algo' significa: ele *é* alguém"[111].

Para Leibniz, o nada é "mais simples e mais leve" [*plus simple et plus facile*] do que o ser[112]. Para *ser*, é necessária a força [*vis*] ou a vontade [*conatus*] ou o impulso que resiste ou faz frente ao nada. Essa capacidade do ser consiste em um *se*-gostar [*Sich-Mögen*], no "esforço de *se efetivar* [*Sicherwirkens*]"[113]. Assim, o ser indica a constituição do querer que é inerente à autorreferencialidade do *se*-querer. Em sua exigência de que se descarte corpo e alma, Dōgen, em contrapartida, aponta para aquele ser cujo traço fundamental não é a vontade ou o desejo. A prática zen-budista faz com que o coração, por assim dizer, jejue, até que um ser inteiramente diferente se torne disponível para ele, um ser que *é* sem *appetitus*.

---

111. HEIDEGGER, M. *Nietzsche*. Vol. 2. Pfullingen, 1961, p. 449.

112. LEIBNIZ, G.W. *Vernunftprinzipien der Natur und der Gnade.* Op. cit., p. 13.

113. Cf. HEIDEGGER, M. *Nietzsche*. Op. cit., p. 447.

O mundo das mônadas permanece, como a expressão delas, trancado dentro do *interior das almas*. Falta a ele uma abertura. As almas como indivíduos sem janelas não olham, por assim dizer, umas às outras. Cada mônada apenas olha autisticamente para si. Apenas por força da "mediação de Deus" [*l'intervention de Dieu*] podem elas de fato comunicarem-se umas com as outras. Segundo a concepção zen-budista de mundo, em contrapartida, inere ao ente uma abertura ou hospitalidade sem limites, como se ele consistisse apenas de janelas. Todo ente espelha em si todos os outros entes, que, por sua vez, o espelham de volta: "Um espelho se espelha em todos espelhos, todos espelhos se espelham juntos em um espelho. Esse espelhar é a realidade do mundo real"[114]. Esse espelhamento ocorre sem desejo, sem *appetitus*: "Mas que espelhamento! E o que é que se espelha nele? Lá estão a terra e o céu; lá emergem montanhas e fluem as águas; lá verdeja a grama e brotam as árvores.

---

114. OHTSU, D.R. (org.). *Der Ochs und sein Hirte*. Op. cit., p. 63.

E na primavera florescem cem flores coloridas. Para quem, afinal, e para quê? [...] Haveria em tudo isso uma intenção, um sentido que se poderia conceber? Não estaria tudo isso justamente simplesmente lá? [...] Mas apenas o puro espelho, que *em si mesmo* é *vazio*. Apenas quem reconheceu a nulidade do mundo e *de si mesmo* vê nela também o enfeite eterno"[115]. O espelho é em si vazio. Ele jejua, não busca apanhar [*appetere*] nada. Ele espelha sem interioridade, sem desejo. Se a alma fosse um órgão do desejo, então, ele não teria *alma*. Ele não seria *ninguém*. Essa condição de não ser ninguém [*Niemandigkeit*] faz dele, porém, hospitaleiro frente a todo ente que o procura. Por causa de seu vazio, ele consegue acolher tudo: "Em um espelho claro todas as formas podem ser vistas, por mais que ele não contenha nenhuma forma. E por quê? Porque o espelho não possui personalidade própria"[116].

---

115. GUNDERT, W. (org.). *Bi-yän-lu.* Op. cit., vol. 1, p. 145 [grifos de B.-C.H.].

116. HUI HAI. "Der Weg zur blitzartigen Erleuchtung" [O caminho para a iluminação súbita]. In: Von MURALT, R. (org.). *Meditations-Sutras des Mahâyâna-Buddhismus* [Sutras de

> *Aqui e ali*
> *Como o campo, coração?*
> *Deixa tudo ser*
> Bashō

É inerente à mônada da alma uma perspectiva a partir da qual o mundo é percebido. A representação perspectiva do mundo pressupõe um ponto *que anseia*, a partir do qual ele é posto diante dos olhos. Sem *appetitus* não seria possível nenhuma visão perspectiva, nenhum acesso perspectivo ao mundo. Assim, aquele coração em jejum espelha sem *appetitus*, por assim dizer, *aperspectivamente* o mundo em si. Ele veria o mundo tal como o mundo seria visto por si mesmo.

No escrito de Fichte *A determinação do ser humano*, se encontra uma estranha confissão de uma alma: "O sistema da liberdade satisfaz, o [sistema] oposto mata e aniquila meu coração. Estar aí frio e morto, e apenas observar a alternância das circunstâncias, um espelho inerte, suporte das figuras que transitam – essa existência me é insuportável, eu a desprezo e a

---

meditação do budismo mahayana]. Vol. 2. 3. ed. Berna, 1988, p. 141.

amaldiçoo. Eu quero amar, quero me perder no envolvimento, me alegrar e me entristecer. O objeto supremo desse envolvimento para mim é *eu mesmo* [...]"[117]. O coração desejante é, aqui, oposto ao "espelho inerte". A passividade do espelho é "insuportável", "mata e aniquila" o "coração". A referência obsessiva ao Eu representa a disposição fundamental da alma fichteana. O Eu tem o "impulso" [*Trieb*], uma tendência contínua à atividade na qual ele *se* põe como totalidade sem limites. Aquele espelho que é vazio em si [mesmo], em contrapartida, não é simplesmente "passivo" ou "inerte". Ele é, antes, *afável*. Ser-afável não é nem [ser] "ativo" nem [ser] "passivo". A afabilidade não é nem "ação" nem "paixão".

> *Exalam seu perfume*
> *Os trajes – jazem desdobrados aí*
> *Nessa tarde de frescor...*
> Buson

A alma de Fichte é constituída monadicamente. O *appetitus*, a "aspiração" é o seu traço fundamental. A aspiração parte [do princípio] de tornar o mundo egoico [*ichhaft*], assimi-

---

117. FICHTE, J.G. *Die Bestimmung des Menschen*. 5. ed. Hamburgo, 1979, p. 32 [grifos de B.-C.H.].

lá-lo ao Eu, determinar o Não Eu por meio do Eu. Tudo que não é Eu não é senão o material no qual o eu exerce a sua força e sua liberdade. O mundo deve se tornar *meu*.

> *Depois de comer*
> *Adormecer e se tornar um boi*
> *Lá sob as flores*
> Buson

Segundo Hegel, a alma de um animal tem mais interioridade do que a de uma flor. Por causa de uma interioridade deficiente, a flor, segundo Hegel, é "trazida para *fora* pela luz". O seu "Si" "passa" "na luz" "para" "um esplendor de cores". Sem o recolhimento interior, ela brilha apenas *exteriormente*. Em oposição à flor, o animal, que "busca preservar [sua] mesmidade [*Selbstischkeit*]", tem "cores turvas"[118]. Em troca, ele tem a voz, que representa, como "dotada de alma", um "automovimento", um "livre tremer *em si mesmo*"[119]. Ele não é arrancado pela luz para fora *de si*, em direção

---

118. HEGEL, G.W.F. *Naturphilosophie* [Filosofia da natureza]. Vol. 1: Die Vorlesung von 1819/20 [A preleção de 1819/20]. Nápoles, 1982, p. 66.

119. HEGEL, G.W.F. *Enzyklopädie der philosophischen Wissenschaften im Grundrisse* [Enciclopédia das ciências filosóficas em compêndio], § 351.

ao exterior. Ele permanece con*sigo*. Hegel distingue, além disso, entre diferentes espécies de pássaros. Falta aos "pássaros nórdicos" o "esplendor de cores". Mas, em troca disso, eles têm mais interioridade, estão equipados com mais "voz". Entre os pássaros "tropicais", em contrapartida, o "Si" dissolve-se no "invólucro vegetável", nas "penas" externas. "Falta" a eles o "cântico" que seria uma expressão audível da interioridade, da alma "profunda".

Certamente, o espírito zen-budista é oposto ao espírito hegeliano, cujo traço fundamental é a interioridade. A prática zen-budista é a tentativa de des-*interiorizar* o espírito, sem, todavia, afundá-lo ou invertê-lo em um mero "fora", ou esvaziá-lo em um "invólucro vegetável". O espírito deve ser es-vaziado em uma vigília e recolhimento sem interioridade. O *satori* caracteriza o estado do espírito que, por assim dizer, *floresce*, floresce para além de *si*, que, por assim dizer, passa inteiramente na luz e no esplendor de cores. O espírito iluminado *é* a árvore florescente. O *satori* é o outro da "mesmidade", o outro da "interioridade", o que, todavia, não significa nenhuma "exterioridadade" ou "alienação". Ultrapassa-se, muito antes, a distinção entre "dentro" e "fora". O espírito se des-interioriza em uma in-diferença, sim, no *Afável*.

> *O curso do sol*
> *Seguem flores da malva*
> *Mesmo na chuva*
> Bashō

Em *Sobre Ikebana*, o filósofo zen-budista Keiji Nishitani interpreta a arte japonesa de fincar flores pelo fenômeno do *recortar*. Ao se separar a flor de sua raiz-de-*vida*, se corta, por assim dizer, sua alma. Assim toma-se dela o impulso pulsional [*triebhafte Impuls*], o *appetitus*. Esse recorte dá a morte à flor. Ele faz com que ela *morra propriamente*. Essa morte, todavia, se distingue do murchar que, para a flor, seria uma espécie de des-*viver*, ou seja, morte natural. Dá-se a morte à flor antes que ela tenha vivido até o fim. No ikebana, a flor tem de ser afastada do murchar, da morte natural, do parar da vida e do esforço.

A flor cortada e sem desejo *sempre se demora*. Ela se mantém inteiramente no presente atual, sem se preocupar com o antes ou o depois. Ela se torna inteiramente tempo, sem resistência contra ele. Onde ela vai *com* o tempo, está afeita a ele, o tempo não passa. Onde é descartado o esforço que se exterioriza como resistência contra o tempo surge uma duração singular *em meio* ao tempo, uma duração sem continuidade, que não representa uma infinitude atemporal, um tempo colocado em repouso. Ela é um fenômeno daquela finitude que se apoia em si mesma, porta a si mesma, que não aperta os olhos em busca do "infinito", que, por assim dizer, esqueceu de si mesma. Essa finitude singular não se entende em sua diferença à "infinitude". O ikebana se distingue, então, daquela arte que, como uma arte da sobrevivência, "se esforça pela eternidade ao expulsar o tempo" ou a desfazê-lo[120]. A arte do ikebana não se baseia naquele trabalho que seria um trabalho de luto. O trabalho de luto consiste em matar a morte ou em suprimir o tempo. Ikebana significa, literalmente, "avivamento das flores" [*Belebung der Blume*]. Trata-se de um avivamento singular. Aviva-se a flor, se a auxilia a chegar a uma vitalidade

---

120. NISHITANI, K. Ikebana. *Philosophisches Jahrbuch* [Anuário Filosófico] (1991), p. 319.

mais profunda, ao dá-la a morte. O ikebana traz o impermanente como tal à luz, sem a aparência da infinitude. *Bela*, aqui, é a finitude repousada, serena, apoiada em si mesma, a finitude que se esclarece sem olhar para além de si. Belo é o ser sem *appetitus*.

Para Heidegger, o traço fundamental do ser-aí humano é o "cuidado" [*Sorge*]. Como "prova" ou "testemunho" para sua tese, Heidegger introduz uma velha fábula: "Quando então o Cuidado passou por um rio, viu um solo colorido: dotado de propósito, ele pegou um punhado dele e começou a lhe dar forma. Enquanto ele por si começou a refletir sobre o que criou, chegou Júpiter. Ele pediu a Júpiter que concedesse ao pedaço formado cor e espírito. Isso ele fez de bom grado. Quando o Cuidado, porém, quis anexar à sua criação o seu nome, Júpiter o proibiu e exigiu que seu nome fosse dado a ela. Enquanto Cuidado e Júpiter discutiam sobre o nome, também a terra [*Tellus*] se ergueu e desejou que seu nome fosse dado a ela, uma vez que ela ofereceu a ela um pedaço de seu corpo. Os disputantes tomaram a Saturno como juiz. E a eles Saturno emitiu a seguinte aparentemente justa decisão: 'Você, Júpiter, uma vez que deu o espírito, deve receber, na sua morte, o espírito, e você, terra, uma vez que presenteou o corpo, deve receber o corpo [na sua morte]'. Como, porém, o Cuidado criou primeiramente essa criatura, então que o 'cuidado' a possua enquanto ela viver. Como, porém, há disputa pelo nome, que ela se chame *homo*, uma vez que é feita de húmus (terra)"[121]. O *homo* terá de *se* entregar à morte para poder se libertar do cuidado.

Sobre essa fábula, Heidegger escreve: "*Cura prima finxit*: esse ente tem a 'origem' de seu ser no cuidado. *Cura teneat, quamdiu vixerit*: o ente não é abandonado por essa origem, mas sim mantido, dominado por ela enquanto esse ente 'é no mundo'. O 'ser-no-mundo' tem a marca, apropriada ao ser, do 'cuidado'. [...] Onde o ser 'original' desse criado deveria ser visto, a esse respeito a decisão se encontra em Saturno, o 'tempo'". Ser é cuidado. No ser, trata-se sempre do *meu* ser. O cuidado caracteriza a referencialidade a *si*. Quando ajo, tenho

---

121. HEIDEGGER, M. *Sein und Zeit*. Op. cit., p. 198.

em vista o mundo em relação às *minhas* possibilidades de ser. A vista do mundo não é vazia. Ela é ocupada pelas *minhas* possibilidades de ser, ou seja, do *Si*. Se eu, por exemplo, organizo um espaço, o transformo no sentido de uma de minhas possibilidades de ser. A vista do mundo é, portanto, sempre *orientada*. Ela é conduzida pelas minhas possibilidades de ser. São primeiramente essas que fazem com que o mundo apareça para mim como dotado de sentido, ou, em outras palavras, em sua qualidade de ter sentido [*Sinnhaftigkeit*]. Assim, as possibilidades de ser que eu projeto em nome de mim mesmo articulam o mundo, lhe concedem primeiramente um sentido, ou seja, uma direção. O projeto das possibilidades de ser pressupõe um *esforço*. Eu projeto, a saber, a possibilidade de ser, em função de minha *vontade* [*um meiner selbst willen*]. O esforço, o *appetitus* faz com que o mundo *seja* primeiramente para mim. Ser significa esforço. O cuidado significa, em última instância, nada mais do que esse ser-esforçado. Ele é a fórmula do ser do ser-aí humano, que existe em direção a *si*. Heidegger defende então a tese de que o ser-aí "primeiramente e geralmente" esquece essa direção-a-si, a saber, *a si mesmo* ao se inserir no mundo. Primeiramente e geralmente o ser-aí existe "inautenticamente". A "autenticidade" da existência vem a ser pelo fato de que o ser-aí, contra a perda de si mesmo cotidiana, apanha a *si mesmo* apropriadamente. A existência autêntica pressupõe uma "decisividade" para si mesmo. Um *Eu-sou* tem de poder acompanhar todas as minhas possibilidades de ser. Essa autorreferência enfática não é, todavia, um centramento "egoísta" no Eu, pois se pode também tomar ou escolher enfaticamente um fazer altruísta como *minha* possibilidade de ser. Também nesse caso se escolhe *a si mesmo apropriadamente*. Assim, a ênfase do si também pode acompanhar um amor *heroico*.

O projeto é uma "questão de liberdade" [*Sache der Freiheit*], ou seja "o modo em que eu existo livre"[122]. O projeto como liberdade permanece ligado ao esforço, cujo portador é o Si. O ser-aí *se* projeta na direção das

---

122. HEIDEGGER, M. *Die Grundproblema der Phänomenologie* [Os problemas fundamentais da fenomenologia]. 2. ed. Frankfurt a.M., 1989, p. 329s. [Gesamtausgabe, 24].

possibilidades de ser. O projeto das *possibilidades*-de-ser abre o futuro. O ser-aí existe futuramente ao existir em direção a *si* esboçando *possibilidades*. O futuro que é o *meu* projeto espelha para mim o meu próprio si. Ele é o meu retrato. O porvir [*Zukunft*] é o "vir [*Kunft*] no qual o ser-aí chega a si mesmo em seu mais próprio poder-ser"[123]. O "em-direção-a-si, o a *si*"[124] é o traço fundamental do futuro. O futuro surge do se-querer e se-projetar. A "prioridade" do futuro aponta para a prioridade do si. O cuidado como cuidado de si articula o tempo como *tempo de si*. Para ele, conta sobretudo o futuro. Esse é, por assim dizer, o *principal do tempo*. O tempo sem cuidado seria, em contrapartida, um sempre-se-demorar no presente.

> *Venha cá, vamos dormir!*
> *O ano novo é*
> *Coisa para depois*
> Buson

O cuidado constitui a gravidade do ser-aí heideggeriano. Ele faz com que o ser-aí

---

123. HEIDEGGER, M. *Sein und Zeit*. Op. cit., p. 325.
124. Ibid., p. 330.

gire constantemente em torno de *si*. A prática zen-budista consistiria, em contrapartida, em descartar esse peso do *Si*, ou seja, ser *sem preocupação* [ohne Sorge], perceber o mundo em seu assim-ser sem preocupar-se com *si mesmo* em seu. No *Shōbōgenzō* se diz: "Que o Si pratica e confirma a si mesmo e a todas as coisas é ilusão. Que todas as coisas estejam à mão e pratiquem e confirmem o Si é iluminação"[125].

> *Mesmo sem Buda*
> *É esquecido de si*
> *O velho pinho*
> Issa

O ser humano sem cuidado não guarda nenhum *Eu-sou*. Ele transforma a si mesmo de maneira correspondente ao curso das coisas, em vez de querer permanecer igual a si. Seu Si de ninguém, desprovido de si, consiste em espelhamentos das coisas. Ele brilha à luz das coisas. A Fausto, que reclama sobre ter duas almas em seu peito[126], Bashō possivelmente

---

[125]. Cf. NISHITANI, K. *Was ist Religion?* [O que é religião?]. 2. ed. Frankfurt a.M., 1986, p. 259.

[126]. "De uma única pulsão tens conhecimento,/ó, jamais conheças a outra!/Duas almas habitam, ah! em meu peito [...]" (GOETHE, J.W. *Faust I* [Fausto I], p. 1.110ss.).

teria dito: "Corte as almas de si e deixe que uma ameixeira lá floresça".

Toda arte inspirada pelo zen-budismo se baseia em uma experiência singular de metamorfose. Uma expressão zen diz: "Depois de ter observado a paisagem de Hsiao-Hsing exaustivamente, entro com o barco no quadro pintado"[127]. Observar exaustivamente a paisagem não significa apreendê-la inteiramente. Apreender um objeto inteiramente significaria se apoderar inteiramente dele. Em contrapartida, observar exaustivamente a paisagem significa, olhando para longe de *si*, afundar-se na paisagem. O observador não tem aqui a paisagem como um ob-jeto [*Gegen-Stand*] diante de *si*. Antes, ele se funde com a paisagem. Sobre o quadro *Neve noturna na terra onde rio e céu passam um no outro*, escreve Yu Chien: "A infinita amplitude do rio e do céu é a amplitude infinita do coração". O coração, aqui, não é

---

127. Apud TSUJIMURA, K. "Über Yü-chiens Landschaftsbild In die ferne Bucht kommen Segelboote züruck" [Sobre o quadro de paisagem de Yu Chien, *Na baísa distante retornam barcos a vela*]. In: *Die Philosophie der Kyôto-Schule*: Texte und Einführung [A filosofia da Escola de Kyoto: Textos e Introdução]. Freiburg i.Br., 1990, p. 457.

um órgão da interioridade. Ele bate, por assim dizer, *lá fora*. Sua amplidão é coextensiva com a amplidão da paisagem. Rio e céu passam um no outro, e fluem no coração des-interiorizado, es-vaziado *de ninguém* [*niemandige*].

Yu Chien emoldura seu quadro *Na baía distante voltam barcos de vela* nas [seguintes] palavras: "A terra sem limites entra na ponta do fio do pincel. Velas caíram no rio de outono e se escondem na neblina noturna. O último brilho noturno ainda não está extinto, mas as lâmpadas dos pescadores já começam a tremeluzir. Dois anciões em um barco conversam tranquilamente sobre o país de Jiangnan"[128]. Essa paisagem é sem *limites* porque ela *flui*. A neblina noturna cobre as velas. Mal pode-se distinguir o rio de outono do barco. Claro e escuro se misturam. E onde a terra sem limites entra na ponta do pincel, o pintor *é* a paisagem. Ele pinta *de maneira a se remover* na paisagem. O pintor espelha a paisagem em si como se fosse ninguém. A paisagem pinta a paisagem. Ela conduz o pincel. A paisagem é

---

128. Ibid., p. 460.

vista tal como ela mesma se vê, sem a perspectiva do pintor que a observa. O pincel que se torna um com a paisagem não autoriza nenhuma distância na qual uma vista perspectivista, objetificadora seria possível. E onde a terra sem limites se funda com a ponta do pincel, cada pincelada *é* a paisagem inteira. Cada pincelada individual respira o todo, a paisagem inteira de Hsiao-Hsing. Na paisagem zen-budista não se "pinta" ou "executa" verdadeiramente nada. Partes não são anexadas ou reunidas em um todo discursivo.

A metamorfose também é um elemento importante do teatro japonês nō, aquela encenação de música e dança, narração e cântico, panos de seda e máscaras de madeira carregada de uma profunda religiosidade. O palco aparece como um templo sem paredes frontais ou laterais. Serve como pano de fundo do palco a "parede de espelho", a parede traseira pintada com um "velho pinheiro", que aparece como um espelhamento silencioso do mundo. Atrás, à esquerda, o palco passa por uma ponte envolta com pinheiros. Esse caminho da ponta, pelo qual os atores de nō chegam ao palco, leva, do outro lado, a um espaço que se chama de "quarto do espelho". Esse espaço, no qual um grande espelho está pendurado na parede, se deixa descrever como um espaço sagrado da metamorfose. Aqui, o principal ator do teatro nō, *shite*, se concentra antes da entrada. Diante do espelho, ele põe a máscara nō, *omote*, e realiza a metamorfose. Ele se metamorfoseia na face da máscara que ele vê no espelho. Diante do espelho, o ator se esvazia de si mesmo para converter-se no *outro*. Ele se recolhe no outro. O espelho não é um espaço narcisista, mas sim um lugar da metamorfose.

A própria máscara nō tem algo de flutuante em si. A sua expressão tem muitas camadas, é complexa. Por causa dessa expressão flutuante que não se deixa fixar, ela não parece rígida. A sua beleza ou, em outras palavras, a sua graça consistiria justamente nessa *flutuação* própria. Por meio de movimentos imperceptíveis da cabeça, por meio de jogos de luz e sombra, o jogador desperta vez esta, vez aquela expressão. Com exceção de algumas máscaras de demônio, as máscaras nō parecem *insípidas*, vazias de expressão. Mas justamente por causa dessa vacuidade elas conseguem admitir muitas formas de expressão. A máscara nō, além disso, parece flutuante também porque ela se mantém em um Entre de sonho e realidade.

> Uma vez Zhuangzi sonhou que era uma borboleta, que se sentia bem e feliz e que nada sabia de Zhuangzi. De repente ele acordou: então ele era novamente, realmente e verdadeiramente Zhuangzi. Agora não sei se Zhuangzi sonhou que ele era uma borboleta, ou se a borboleta sonhou que ela era Zhuangzi...[129]

Também no jogo de nō sem máscaras o rosto do ator fica, de uma maneira característica, vazio como a máscara. Ele parece, mesmo na exteriorização de sentimentos, não [ser] expressivo. Também a dança nō parece, em um primeiro momento, in-*expressiva*. Ela consiste, em larga medida, de movimentos arrastados e deslizantes no chão do palco [*mau*], nos quais ambas as solas do pé mal deixam o chão. Depois da leve elevação da ponta do pé, os pés aconchegam-se suave e silenciosamente

---

129. ZHUANG ZHI. *Das wahre Buch vom südlichen Blütenland* [O verdadeiro livro do campo de flores do sul]. Düsseldorf/Colônia, 1969, p. 52 [trad. de Richard Wilhelm].

novamente no chão. O corpo do dançador permanece, em larga medida, *horizontal*. Nenhum salto ocorre[130]. Nenhum heroísmo interrompe a linha horizontal da dança.

Também os haikus ou os poemas zen não são uma "expressão" da "alma". Antes, se deixam interpretar como uma *visão de ninguém*. Não se deve extrair deles nenhuma interioridade. Nenhum "eu lírico" *se* expressa. Também as coisas do haiku não são *impelidas a nada*. Nenhum Eu "lírico" inunda as coisas, fazendo delas, desse modo, metáforas ou símbolos. Antes, o haiku deixa que as coisas brilhem em seu assim-ser. O não-ser-impelido como disposição fundamental do haiku aponta para o coração em jejum do poeta que, *na qualidade de ninguém*, espelha o mundo em si mesmo.

> *N'asa dos patos*
> *A neve amontoa*
> *Oh, que silêncio!*
> Shiki

No haiku, nenhum "ser humano", nenhum "Eu" toma propriamente a palavra. Mas ele

---

130. Juntamente ao movimento deslizante, há o pisar (*fumu*) com uma perna.

não se avizinha daquela poesia-do-isso que Heidegger tenta interpretar a partir do "acontecimento". Em *Sobre a questão do pensamento*, Heidegger cita Trakl:

> Isso é uma luz que o vento dissipou
> Isso é uma jarra pagã que um bêbado abandonou à tarde
> Isso é uma vinha, queimada e negra com buracos cheios de aranhas.
> Isso é um espaço que eles pintaram com leite.
> Isso é um campo de restolho no qual uma chuva negra cai
> Isso é uma árvore marrom que está ali, solitária
> Isso é um vento sibilante que circunda cabanas vazias
> Quão triste essa noite

Heidegger destaca a proximidade do "Isso é" [*Es ist*] do "Há" [*Es gibt*; no francês: *Il y a*] de um poema de Rimbaud:

> *Au bois il y a un oiseau, son chant vous arrête et vous fait rougir*
> *Il y a une horloge qui ne sonne pas*
> *Il y a une fondrière avec un nid de bêtes blanches.*
> *Il y a une cathédrale qui descend et un lac qui monte...*
> [No bosque há um pássaro, seu canto faz você parar e enrubescer.

> Há um relógio que não soa.
> Há um charco com um ninho de bestas brancas
> Há uma catedral que desce e um lago que sobe.]

Um "há" comum representa, segundo Heidegger, sempre uma referência a um ente, que é situado ao lado da apropriação do ser humano: "Caso se diga por exemplo: 'Há truta no riacho', então não se constata o mero 'ser' das trutas. Antes e juntamente com isso se expressa, com essa sentença, um destacamento do riacho: ele é caracterizado como riacho-de-trutas, assim, como um riacho particular, como um tal que se pode pescar nele. No uso imediato de 'há' reside já, então, uma referência ao ser humano. Essa referência é usualmente o 'ser-disponível', a referência a uma apropriação possível por parte do ser humano"[131].

> *Oh, mas que frescor*
> *A maré noturna vai*
> *E peixes pulam.*
> Shiki

O "Isso é" de Trakls ou o "Há" de Rimbaud não expressam, em contrapartida, ainda

---

131. HEIDEGGER, M. *Zur Sache des Denkens* [Sobre a questão do pensamento]. Tübingen, 1969, p. 41s.

segundo Heidegger, um estar à mão [*Vorhandensein*] de algo, nenhuma disponibilidade daquilo que há. O Isso nomeia, antes, um "indisponível, o em processo de formação como um assombroso, o demoníaco", que se furta a todo acesso humano.

Os haikus trazem à fala o mundo ou, em outras palavras, as coisas em seu assim-ser, que brilha além do acesso humano. Mas esse assim-ser não se manifesta como um isso demoníaco e impessoal. Ele é mais *afável* do que demoníaco ou assombroso. Em oposição às poesias-do-isso, os haikus não *apontam* propriamente para nada, para nenhum *substantivo* indisponível. Nenhum Isso demoníaco inunda o Eu e o mundo. A poesia-do-isso revela ainda, caso se a examine mais minuciosamente, um Eu, que é exposto, em uma perda total da referência dotada de sentido ao mundo, como uma grandeza impessoal, anônima. A partir das coisas que *há*, toma a palavra um Eu alheio, escavado, que perambula sem mundo, buscando, chamando. Também as coisas não se comunicam umas com as outras. Todas as coisas se tornam eco vazio, anônimo do isso. Nas poesias-do-isso se impõe uma total ausência de referência, enquanto os haikus articulam uma referencialidade, uma afável relacionalidade.

O vazio como o lugar do haiku es-vazia tanto o Eu como o Isso. Assim, o haiku não é nem "pessoal" nem "impessoal".

> *Cheiro de rochas:*
> *Essa grama vermelha*
> *D'água e calor*
> Bashō

Os haikus não apontam, além disso, para nenhum significado oculto que devesse ser encontrado. Não há metáfora da qual se deveria retirar uma interpretação. O haiku é *completamente evidente*. Ele é *claro* em si mesmo. Não é preciso primeiramente "esclarecê-lo".

> *Bater do vento*
> *Faz com que os pássaros*
> *Fiquem mais brancos*
> Buson

O haiku revela inteiramente o seu "sentido". Ele, por assim dizer, não tem nada para esconder. Ele não é voltado para dentro. Não habita nele nenhum "sentido profundo". A ausência de "sentido profundo" constitui, justamente, a sua *profundidade*. Ela é correlata da ausência de interioridade da alma. A abertura clara, a amplidão desimpedida do haiku surge do coração des-interiorizado, es-vaziado, da coleção de ninguém, sem interioridade.

Habitar lugar nenhum

> Morto de vagar
> *Sonho, o murcho pagão*
> *Erra em voltas...*
> Bashō

O diário de viagem de Bashō, *Por caminhos estreitos pelo interior* [*Oku no hosomichi*] começa com as seguintes palavras:
> "Sol e lua, dias e meses permanecem apenas brevemente como hóspedes dos tempos eternos", e assim também é com os anos: eles vêm e vão, estão sempre viajando. Do mesmo modo ocorre aos seres humanos que deixam a sua vida toda balançar em canoas, ou àqueles que, com seus cavalos guiados a rédeas, afastam a velhice: diariamente a caminho, eles fazem da viagem a sua estadia constante. Muitos poetas que viveram antes de nós morreram no meio da errância. Meus pensamentos, porém, não param,

agitados pelo vento que caça os trapos de nuvens para vaguear pelo perpétuo ser propulsionado – eu já não sei mais desde que ano[132].

A citação que abre o diário tem sua origem em na apresentação de uma poesia do poeta chinês Li Po, *Banquete de primavera sob flores de ameixa e pêssego*:

> Céu e terra – o universo inteiro – é apenas uma pousada, ela abriga todos os seres em conjunto.
> Sol e lua são aí apenas hóspedes, visitantes do tempo eterno.
> A vida neste mundo fugidio é como um sonho
> Por isso, nossos antepassados acendiam velas, para prestigiar a noite...[133]

O "vento" é, para Bashō, um sinônimo para a errância e para a fugacidade das coisas. Ele se entende como "monge errante em vestes que balançam com vento". *Fūryū*, uma expressão com a qual Bashō caracteriza a sua poesia, significa literalmente "fluxo de

---

132. BASHŌ, M. *Auf schmalen Pfaden durchs Hinterland* [Por caminhos estreitos pelo interior]. Mainz, 1985, p. 43 [trad. do japonês, introdução e notas de G.S. Dombrady].

133. Ibid., p. 42.

vento"[134]. Também Bashō teria dito: "Poeticamente habita o ser humano". Habitar poeticamente significa, para Bashō, habitar em lugar nenhum, como as nuvens que passam, como hóspede *onde quer que seja* no mundo, que é uma pousada. Errar com o vento seria uma forma singular do habitar, que é amiga da finitude. Mora-se, erra-se na finitude.

> Voltados para a praia, buscávamos por um quarto noturno e encontramos também um albergue de um andar, cujas janelas abriam para o mar. Ah, imerso no vento e nas nuvens manter seu sono de viagem. Tomou conta de mim um sentimento maravilhoso, como se tivessem me enfeitiçado. [Sora recitou]:
> Baía da ilha
> Tome a forma do grou
> Cuco do alto[135].

---

134. Ibid., p. 96ss. Na cultura do Extremo Oriente, que está mais voltada à impermanência e à metamorfose do que à identidade e à constância, a palavra "vento" é usada com muita frequência. "Paisagem", por exemplo, significa "vista do vento". Em vez de ser falar de paisagem [*Landschaft*], se teria de falar de "ventasagem" [*Windschaft*]. Nessa perspectiva do Extremo Oriente, a paisagem perde a fixidez que é conotada com o país [*Land*]. Em troca, ela recebe algo que flui ou que corre.

135. Ibid., p. 153ss.

A errância constante de Bashō é uma manifestação de seu coração em jejum, que não se prende a nada, que não agarra nada com os dentes. Em uma carta, Bashō traz à palavra o desejo de seu coração:

> Como quero muito, como as nuvens que passam, viver com o coração de habitar-lugar-nenhum, te peço que, enquanto eu assim errar, satisfaça a meu desejo. Por favor me providencie apenas aquilo a que não preciso me atar, e que não se esteja em muitas dívidas com o meu coração. Como penso que minha estada é provisória como a teia de aranha que é exposta ao sopro do vento, assim também o lugar pode ser, de fato, uma casinha [invisível], para mim, porém, ao mesmo, tempo, também não é[136].
>
> *Até se falassem*
> *Os lábios seriam só*
> *Vento outonal*
> Bashō

---

136. Apud NISHITANI, K. "Die 'Verrücktheit' beim Dichter Bashō" [A loucura no poeta Bashō]. In: OHASHI, R. (org.). *Die Philosophie der Kyôto-Schule* – Texte und Einführung [A filosofia da escola de Kyoto – Textos e introdução]. Freiburg i. Br., 1990, p. 278.

O errar de Bashō é não é um lento vagar no ócio. Antes, ele é um vagar sem *lentidão*, uma constante, também doloroso se despedir.

> *Primavera vai:*
> *Aves choram – dos peixes*
> *Caem lágrimas...*
> Bashō[137]

> *De luto pelas flores, e*
> *Pelo mundo fugaz. – Resta*
> *Apenas vinho e arroz...*
> Bashō[138]

O luto de Bashō, entretanto, não tem o peso opressor da "melancolia". Antes, ele se ilumina em uma alegria. Esse luto claro, alegre é a disposição fundamental do seu coração que habita lugar nenhum e que sempre se despede. Ele se distingue fundamentalmente daquele luto fechado que, na forma de um trabalho de luto que se esforça para desfazer a despedida e a impermanência e para expulsar o tempo.

> *Enfermo ganso*
> *Manca no frio da noite*
> *Seu sono final...*
> Bashō

---

137. BASHŌ, M. *Auf schmalen Pfaden durchs Hinterland*. Op. cit., p. 51.
138. Ibid., p. 105.

Bashō conhece certamente o Sutra do Diamante, onde se fala daquele coração que tem origem no habitar em lugar nenhum, no repousar em lugar nenhum[139]. Também Dōgen aponta para o habitar em lugar nenhum: "Um monge zen deve ser sem morada como as nuvens e sem ancoragem como a água"[140]. O errar como habitar em lugar nenhum dispensa toda forma de fixação. Ele diz respeito não apenas à relação ao mundo, mas também à relação a si mesmo. Habitar em lugar nenhum significa, ao mesmo tempo, não se prender a nada, não permanecer em si mesmo, ou seja, deixar a si mesmo, esvaziar-se [*ablassen*] de si mesmo, deixar, em meio ao passageiro, também a *si mesmo* passar. Essa serenidade é a constituição do coração que habita em lugar nenhum. Errar significa também *errar para longe de si* [*sich wegwandern*]. O ser humano que habita

---

139. Cf. LEHNERT, M. *Die Strategie eines Kommentars zum Diamant-Sûtra* [A estratégia de um comentário ao sutra do diamante]. Wiesbaden, 1999, p. 132.

140. DŌGEN, E. *Shōbōgenzō Zuimonki* – Unterweisungen zum wahren Buddhaweg [Shōbōgenzō Zuimonki – Instruções para o verdadeiro caminho do Buda]. Heidelberg, 1997, p. 168.

lugar nenhum não está em casa *consigo mesmo*. Antes, ele é hóspede consigo mesmo. Abdica-se de toda forma de posse e de autoposse. Nem o corpo nem o espírito são *meus*[141].

Aquela casa que deve ser abandonada para o habitar em lugar nenhum não é um mero espaço protegido. Ela é o lugar da alma e da interioridade, no qual eu me aprazo, me arrolo, um espaço de meu *poder* [*Könnens*] e *conseguir* [*Vermögens*], na qual possuo a *mim* e a *meu* mundo. O Eu depende da possibilidade da posse e do recolhimento. *Oikos* [casa] é o lugar da existência *econômica*. Assim, o habitar em lugar nenhum representa a contrafigura do econômico, do mantenedor da casa.

Também a análise do ser-aí de Heidegger formula, no essencial, uma existência econômica. A "existência" do ser-aí está ligada ao *oikos*. Sua "existência" é uma existência econômica. Assim, Heidegger poderia ter introduzido a casa como um modo de ser do ser-aí, ou seja, como seu "existencial". O ser-aí vê o mundo apenas a partir de *si*, a partir de *suas*

---

141. DŌGEN, E. *Shōbōgenzō*. Op. cit., vol. 2, p. 120.

possibilidades de ser. "Ser-no-mundo" significa, em última instância, "estar em casa consigo mesmo". O "cuidado" como "cuidado de *si*" seria a constituição da casa entendida como "existencial". O cuidado *anima* o ser-no-mundo. O ser-aí não consegue errar.

O coração que habita em lugar nenhum é oposto àquele sujeito cujo traço fundamental é o retorno constante a si, que está sempre em casa *consigo* mesmo. Aquele direcionamento do sujeito ao mundo é um virar-se de volta para si. Em nenhum passo para o mundo ele se distancia de si mesmo. Em tudo que é sabido [*Gewussten*] ele é consciente [*bewusst*] de si mesmo. Um Eu-sou acompanha todas as suas representações. A certeza do ser depende da certeza de si. Lévinas compara esse sujeito com Odisseu: "[...] por através de todas as aventuras a consciência se encontra novamente como si mesma, ela volta para si como Odisseu que, em todas as suas viagens, apenas aproxima-se de sua ilha natal"[142]. À existência econômica de Odisseu, Lévinas opõe a figura

---

142. LÉVINAS, E. *Die Spur des Anderen* [O rastro do outro]. Freiburg i.Br./Munique, 1983, p. 211.

de Abraão, que "abandona para sempre a sua terra natal para partir para uma terra ainda desconhecida"[143].

Estaria Abraão realmente livre da existência econômica? O primeiro livro de Moisés (Gn 12–15) conta, de fato, que ele abandona a casa de seu pai. Mas ele se atém ainda à sua posse e à sua família. A sua partida para outro lugar não marca uma interrupção da existência econômica. "Partiu, pois, Abrão, como o Senhor lhe havia ordenado. E Ló foi com ele. Abrão tinha setenta e cinco anos quando saiu de Harã. Abrão levou consigo a sua mulher Sarai, o seu sobrinho Ló, todos os bens que haviam adquirido e as pessoas que lhes foram acrescentadas em Harã. Partiram para a terra de Canaã e lá chegaram" (Gn 12,4-5). A partida como saída de casa é, em última instância, uma mudança de casa, uma troca da casa, na qual Abrão traz consigo a posse e as almas. Ele não é, afinal, conduzido ao erro por Deus. Sua separação da casa do pai está ligada à garantia, à promessa de uma nova e ricamente encomendada casa: "O

---

143. Ibid., p. 215s.

Senhor disse a Abrão: 'Saia da sua terra, da sua parentela e da casa do seu pai e vá para a terra que lhe mostrarei. Farei de você uma grande nação, e o abençoarei, e engrandecerei o seu nome. Seja uma bênção! Abençoarei aqueles que o abençoarem e amaldiçoarei aquele que o amaldiçoar. Em você serão benditas todas as famílias da terra" (Gn 12,1-3). Deus repete a sua promessa. O mundo que Abraão vê em todas as direções celestes deve se tornar *seu* mundo, sua possa: "Erga os olhos e olhe de onde você está para o norte, para o sul, para o leste e para o oeste; porque toda essa terra que você está vendo, eu a darei a você e à sua descendência, para sempre. Farei a sua descendência como o pó da terra, de maneira que, se alguém puder contar o pó da terra, então será possível também contar os seus descendentes. Levante-se e percorra essa terra no seu comprimento e na sua largura, porque eu a darei a você. E Abrão, mudando as suas tendas, foi morar nos carvalhais de Manre, que estão junto a Hebrom. E ali edificou um altar ao Senhor" (Gn 12,13-14). Abrão está, certamente, *interessado* na posse prometida. Por esse interesse, ele demanda de

Deus uma garantia, um sinal visível: "O Senhor lhe disse também: 'Eu sou o Senhor que o tirei de Ur dos caldeus, para lhe dar esta terra como herança'. Mas Abrão perguntou: 'Senhor Deus, como saberei que vou herdar essa terra?'" (Gn 15,7-8). A fé de Abrão não marca uma interrupção da existência econômica. Também o sacrifício de Isaac não é inteiramente livre de cálculo. Abrão teria dito para si mesmo: "[...] se ocorrer, então o Senhor me dará um novo Isaac [...]"[144].

O habitar lugar nenhum como errar pressupõe uma abdicação radical da posse, do *Meu*. Bashō erra para longe de *si* e de suas posses. Ele anula inteiramente a sua existência econômica. O seu errar não é direcionado ao futuro da promessa. A temporalidade do errar é sem futuro. Bashō erra *sempre*, se mantém sempre no presente. Falta ao seu errar qualquer sentido teleológico ou teológico. Bashō *já chegou desde sempre*. Esse monge errante em vestes que balançam com o vento certamente

---

144. Cf. KIERKEGAARD, S. *Furcht und Zittern* [Temor e tremor]. Düsseldorf/Colônia, 1950, p. 131s. [Gesammelte Werke, 4].

se deixaria generalizar como a contrafigura de Odisseu e Abraão. Bashō erra, pois ele não se *esforça* por nada. A perda de rumo de Odisseu pressupõe, em contrapartida, a viagem de volta ao lar. Ela tem uma direção. Tampouco Abraão consegue errar, pois ele, como Moisés, está a caminho de uma casa prometida.

> *Morto do curso*
> *Em vez de um repouso*
> *Lá: as glicínias!*
> Bashō

O habitar em lugar nenhum coloca radicalmente em questão o paradigma da identidade. Nenhum esforço pelo imutável anima o coração: "O espírito se muda de maneira correspondente às dez mil circunstâncias,/e essa mudança é realmente misteriosa – se o ser é conhecido em correspondência com o fluir,/ então não há nem alegria nem sofrimento"[145]. O coração do habitar em lugar nenhum, que não se aferra a nada, se sujeita à mudança das coisas. Ele não permanece igual a si mesmo. O habitar em lugar nenhum é um *habitar mortal*. O coração que não se prende a nada, em

---

145. *Das Denken ist ein wilder Affe*. Op. cit., p. 118.

um desprendimento, não conhece nem alegria nem tristeza, nem amor nem ódio. O coração que habita em lugar nenhum é, por assim dizer, *vazio* demais para que possa amar ou odiar, se alegrar ou sofrer. A liberdade do desprendimento representa uma in-diferença singular. Nessa equi-*valência* [*Gleich-Gültigkeit*] o coração é afável com todos que vêm e vão.

Errar ou habitar em lugar nenhum é certamente estranho a Platão. Mesmo depois da morte não se abandona a casa. Na *Apologia*, Sócrates fala, em relação à morte, de uma "mudança [*metoikesis*] da alma". A morte é um "deslocamento [*metábole*] e mudança da alma daqui para um outro lugar [*topos*]"[146]. A "metamorfose" [*metábole*] que a alma experiência na morte não faz dela *desabrigada*. A mudança ou a emigração não é um errar. A alma abandona uma casa [*oikos*] para chegar em uma outra casa. A morte é uma mudança de uma casa para outro. Para Bashō, em contrapartida, morrer significa errar.

A morte é, para Platão, uma empresa da "alma" a fim de partir da casa finita do corpo

---

146. *Apologia* 40c [trad. alemã de F. Schleiermacher].

para uma morada celeste. Se a alma "foge do corpo e permanece *recolhida em si mesma*"[147], ela não precisa mais temer que seja "dispersa e dissipada pelo vento na separação do corpo, e não seja mais nada e não esteja em lugar nenhum [*oudamou*]"[148]. Esse recolhimento ou interioridade da alma facilita a emigração para aquele lugar celeste. A casa a caminho da qual a alma recolhida em si está é melhor do que a casa que ela abandonou. Ela é o lugar do "puro" [*Unvermischt*], do "uniforme" [*monoeides*], onde nenhuma mudança, nenhuma transformação, nenhuma metamorfose ocorre, onde tudo permanece idêntico consigo mesmo. A casa celeste abriga a identidade. Não pode ser chamado de *caseiro* aquele espírito que "correspondendo às dez mil circunstâncias", se transforma constantemente como a água.

> *Erra em robes*
> *Grou na chuva invernal:*
> *O mestre Bashō.*
> Chora

---

147. *Fédon* 80c [grifos de B.-C.H.].
148. *Fédon* 84b.

Também aos deuses não é estranha a interioridade do lar. A casa dos Deuses é, a saber, protegida por Héstia, deusa do lar, enquanto outros deuses "estão fora" [*poreuein*][149]. Ela fica *em casa*. O estar-fora dos deuses não é um errar. Também os deuses platônicos não erram. Eles sempre retornam "para casa" [*oikade*], e, de fato, no "interior [*to eiso*] do céu"[150].

A *República* de Platão pode ser lida como um livro para os domiciliados, como um livro para a manutenção da casa [*Haus-Halten*]. O diálogo descreve uma existência econômica. A crítica da poesia que Platão formula ali representa, ao mesmo tempo, uma crítica do errar e da metamorfose. Platão nega ao "sagrado", "gracioso" e "afável" [*hedys*] poeta, que, "por causa de sua sabedoria [*hypo sophias*] pode se mostrar pluriforme [*pantodapon*] e representar todas as coisas", a entrada em sua *pólis*[151]. Ele deixa que ele erre fora da *pólis*. Também a risada alta do mestre zen teria certamente irritado a Platão. Platão, afinal, proíbe ao poeta a

---

149. *Fedro* 246c.
150. *Fedro* 247c.
151. *República* 398a.

representação do riso. O riso causa, segundo Platão, uma "intensa revirada" [*metábole*] [152], na qual alguém se encontra *fora de si*.

Também o coração que mora em lugar nenhum e que jejua não se aferra ao "corpo". Ele não está livre, porém, meramente do desejo "corporal", mas sim do desejo como tal. Não apenas o "corpo", mas também a "alma" é esvaziada. O desejo representa, em contrapartida, o traço fundamental da alma platônica. A metáfora da "plumagem" que a alma abre no céu dá forma concreta à sua constituição interna. A oposição entre *embaixo* e *acima* domina essa metafórica da alma. Ela deseja o divino [*theion*], o imortal [*athanaton*][153]. O vazio, em contrapartida, não pode ser o objeto de um desejo. Ele não é, afinal, *nada*. Ele es-vazia, justamente, todo desejo. E ele é antes cotidiano do que "divino". Além disso, ele não pode ser chamado de "uniforme" [*monoeides*], pois ele é esvaziado de qualquer forma [*eidos*]. Nenhuma forma compromete ao seu

---

152. *República* 388c.
153. *Fédon* 81a.

desprendimento. O vazio, todavia, não é o inteiramente outro do mundo pluriforme e múltiplo. Ele *é*, simultaneamente, o mundo. Não há gradação do ser entre o vazio e o mundo pluriforme. Assim, não se erra para uma transcendência, mas sim se erra por através da imanência cotidiana.

O habitar em lugar nenhum não representa uma fuga do mundo. Não se nega a estadia *nesse* mundo. O iluminado não vagueia em um deserto do "nada". Antes, ele habita "em meio à multidão da estrada viajada"[154]. Habitar em lugar nenhum é um habitar, e, de fato, um habitar sem nenhum desejo, um habitar sem o Eu firmemente trancado. Ele não carrega o mundo nas costas. O vazio formula um certo não. O caminho zen-budista, porém, não termina nesse não. Ele leva novamente ao sim, a saber, ao mundo habitado e pluriforme. Esse sim é o significado profundo do dito zen já formulado: "Tudo é como um. 'Ontem de noite comi três tigelas de arroz, hoje de noite cinco tigelas de trigo'". Tudo presente é, tal

---

154. OHTSU, D.R. (org.). *Der Ochs und sein Hirte*. Op. cit., p. 117.

como ele é, grandiosamente afirmado"[155]. Esse movimento duplo de não e sim também é expresso pelo seguinte dito:

> Quando ainda não tínhamos despertado, a montanha era apenas montanha e o rio era apenas rio. Quando, porém, por meio do exercício junto ao mestre instruído [*einsichtig*], uma única vez despertamos, a montanha não era montanha, o rio não era rio, a grama não era verde e a flor não era vermelha. Caso caminhemos, porém, adiante no caminho da subida e cheguemos aqui no "fundamento e origem", então a montanha é inteiramente montanha, o rio é inteiramente rio, a grama é verde e a flor vermelha. "O despertar consumado é igual ao ainda-não-desperto", apesar da diferença de ser [*Wesensunterschiedes*] de ambos[156].

O habitar em lugar nenhum implica o sim para o habitar. Mas esse habitar atravessou o não do lugar nenhum ou do vazio, atravessou a morte. O mundo é, "quanto ao conteúdo", o mesmo. Mas, pelo vazio, ele se tornou, por

---

155. Ibid., p. 120.
156. Ibid., p. 116.

assim dizer, *mais leve*. Esse vazio faz do habitar errar. O habitar em lugar nenhum não nega simplesmente, portanto, a casa e o morar. Antes, ele abre uma dimensão originária do habitar. Ele permite que se more sem estar em casa *consigo mesmo*, sem se abrigar em *si*, sem se aferrar a si e à sua posse. Ele *abre* a casa, a dispõe afavelmente. A casa perde, assim, o caseiro, o estreito do interior e da interioridade. *Ela se es-vazia em uma pousada*.

Morte

> *Pétalas voam*
> *Todas elas fazem o*
> *Galho mais velho*
> Buson

Em seu curso sobre Hegel, Heidegger observa que Hegel não conheceria a morte, que a morte não significaria para ele nenhuma "catástrofe". Nenhuma "queda" e nenhuma "revolução" seria possível. Em Hegel tudo seria "já incondicionalmente assegurado e alojado"[157]. Houve acaso alguma filosofia para a qual a morte seria simplesmente a "catástrofe"? Como sequer presenciar a morte? Como abster-se de inverter a mudez, o nada mudo em um ser dotado de fala, de virar a *katastrophe* (em grego, "virada" ou "inversão") novamente para essa necessidade?

---

157. HEIDEGGER, M. *Die Negativität* [A negatividade]. Frankfurt a.M., 1993, p. 24 [Gesamtausgabe, 68].

> *Do rosto manter*
> *Afastadas as moscas*
> *Só por enquanto...*
> A noite irrompe e não me resta mais nada a fazer do que – por mais que me pareça desprovido de sentido – umedecer, com a água de uma jarra ao lado do leito de meu pai, os seus lábios.
> A lua do dia vinte aparece na janela. Em volta da vizinhança, todos já repousavam em profundo sono. Quando ouvi à distância oito vezes o cacarejar do galo, sua respiração se tornou tão baixa, tão baixa que mal se podia mais a perceber[158].

Já para Platão a morte não é nenhum ponto-final catastrófico, mas sim um ponto extraordinário de virada que leva a um ser superior. Ela aproxima a alma do "invisível", do "divino", do "racional" e do "uniforme"[159] que, como o imutável, permanece sempre igual a si mesmo. Em Platão, a filosofia tem uma relação única com a morte, pois a morte não é meramente um objeto da filosofia. Sobre

---

158. ISSA, K. *Die letzten Tage meines Vaters* [Os últimos dias do meu pai]. Mainz, 1985, p. 11 [trad. alemã de G.S. Dombrady].

159. *Fédon* 83d.

essa aproximação da morte e da filosofia Platão observa: "A saber aqueles que se ocupam com a filosofia do modo adequado nada mais querem, por mais que outros certamente não o percebam, senão se esforçar por morrer e por estar morto"[160]. Estar morto significa, todavia, tudo menos não ser. Antes, a morte eleva, aprofunda, esclarece o ser. Estar morto significa estar desperto, ficar "recolhido em si mesmo"[161], e, de fato, não ser distraído ou confundido pelo corpo, que obscurece a verdade. A morte aprofunda o recolhimento e a interioridade da alma. Filosofar como morrer significa matar o corporal, ou seja, o sensível em nome do invisível e do racional: "Pois, se não é possível conhecer algo puramente com o corpo, então só podemos uma das duas coisas, ou nunca chegar à compreensão, ou [só] depois da morte. Pois então a alma estará sozinha para si mesma; separada do corpo, mas antes não. E enquanto vivermos, só estaremos, como se mostra, o mais próximos do conhecimento, se tanto quanto possível não fizemos

---

160. *Fédon* 64a.
161. *Fédon* 80c.

nada com o corpo nem tivermos nada em comum com ele que não seja extremamente necessário, e se não nos preenchermos com a sua natureza, mas sim nos mantivermos puros dele, até que o próprio Deus nos liberte. E puros assim, livres da tolice do corpo, estaremos provavelmente juntos com outros assim e conheceremos tudo por nós mesmos sem obscurecimento, e isso justamente é o verdadeiro"[162]. O filósofo tem de refletir sobre a morte. O cuidado com a filosofia não é senão o cuidado com a morte. O filósofo tem de morrer já em vida, antecipar em vida a morte ao desprezar o corpo e fugir dele como lugar do mal e da finitude. A morte, portanto, não é um ponto-final, uma queda ou revolução, mas sim um começo especial, um ponto de partida no qual a alma, livre do fardo do corpo, se eleva, livre como uma borboleta, para um lugar "nobre, puro e invisível"[163].

> *Tomada na mão*
> *Esvai em lágrimas a*
> *Geada outonal...*
> Bashō

---

162. *Fédon* 66c-67b.
163. *Fédon* 80d.

O individual, ou seja, o finito tem de, segundo Hegel, ruir até o seu fundamento [*zugrundegehen*], pois ele não é o universal, ou seja, o infinito. Sua "inadequação à universalidade" é o *"germe inato da morte"*[164]. Mas a morte não derruba o indivíduo no nada. Antes, ele é, por meio dela, suspendido [*aufgehoben*], elevado e esclarecido no universal. A morte é, a saber, uma "passagem da individualidade para a universalidade". Ela não é um ponto-final, mas sim um "ponto de passagem"[165]. O indivíduo não *passa*, mas sim vai ao seu *fundamento* [*zu Grunde gehen*]. A morte, portanto, não é uma catástrofe, mas sim uma virada e inversão em um ser superior, um "retorno" do negativo para o positivo. Ela *dirige* o finito ao *fundamento*. Na morte, o indivíduo se despe de sua finitude se aproxima de seu fundamento infinito. O modelo platônico da morte determina também a compreensão

---

164. HEGEL, G.W.F. *Enzyklopädie der philosophischen Wissenschaften im Grundrisse*. Op. cit., § 375.

165. HEGEL, G.W.F. *Vorlesungen über die Ästhetik II* [Cursos de estética II]. Frankfurt a.M., 1986, p. 153 [Werke in 20 Bänden, 14].

da morte de Hegel. A morte promete o infinito: "O finito é determinado como o negativo, tem de se libertar de si, esse primeiro, espontâneo e natural se libertar por parte do finito de sua finitude é a morte [...]"[166].

Um heroísmo anima a relação de Hegel com a morte. "Não a vida que se encolhe frente à morte e se preserva pura de [qualquer] depredação, mas sim que a suporta e a recebe em si mesmo" é, segundo Hegel, "a vida do espírito". O poder do espírito não consiste no mero positivo, mas sim em que ele "veja no rosto [a morte, o negativo] e se demore nela". É desse ser heroico para a morte que parte a "magia" "que o *converte* [o negativo] *em ser*"[167]. O espírito não é simplesmente abalado pela morte. O seu heroísmo consiste muito antes em que ele se exercite na morte, na força negativa.

Também para Fichte a morte não é um ponto-final, mas sim início e nascimento: "Toda morte na natureza é nascimento, e justamen-

---

166. HEGEL, G.W.F. *Vorlesungen über die Philosophie der Religion I*. Op. cit., p. 175.

167. HEGEL, G.W.F. *Phänomenologie des Geistes* [Fenomenologia do Espírito]. Hamburgo, 1952, p. 30 [grifos de B.-C.H.].

te no morrer aparece visivelmente a elevação da vida. Não há nenhum princípio de morte na natureza, pois a natureza é inteiramente só vida; não é a morte que mata, mas sim a vida mais vivaz que se começa e se desenvolve por meio da velha"[168]. A natureza não consegue matar o Eu, pois ela está lá "meramente para mim e por minha causa", e não está lá "quando eu não sou". "Justamente porque ela me mata", continua Fichte, "ela tem de me reviver novamente; só pode ser frente à minha vida superior que se desenvolve nela que a minha vida atual desvanece; e aquilo que o mortal chama de morte é o fenômeno visível de uma segunda revitalização". A morte é apenas a "a escada pela qual meus olhos espirituais se erguem à minha nova vida e a uma natureza para mim"[169]. Assim, "*minha* morte" não é, em última instância, possível. Também para os outros "meu espírito não [pode] contar como aniquilado". Ele "*é* ainda, e nasce para ele um lugar", pois ele é "meu igual".

---

168. FICHTE, J.G. *Die Bestimmung des Menschen*. Op. cit., p. 153.

169. Ibid., p. 154.

O "luto" é apenas "aqui embaixo"; "lá em cima" é "alegria", "pois o luto permanece atrás na esfera que abandono". O trabalho de luto de Fichte, como trabalho contra o finito, mata tanto a *minha* morte como também a morte do outro. Ele converte a morte em vida, dá uma virada na catástrofe. Seu luto indica traços coercitivos, não se liberta para uma alegria serena. Igualmente coercitiva e estranhamente rígida parece a sua "alegria". Fichte jubila: "Assim vivo e assim sou, e assim sou imutável, fixo e completo por toda eternidade [...]"[170].

> *Sono de velho*
> *Ainda me acordam*
> *Na chuva fresca...*
> Bashō

Em vista da observação de Heidegger de que, para Hegel, a morte não seria uma "catástrofe", se coloca a pergunta: em que medida se pode falar, em relação à concepção de morte do próprio Heidegger, de uma "catástrofe"? Que "queda" ou "revolução" a morte traria consigo? No interior da análise da morte de *Ser e tempo* não ocorre a palavra "catástrofe".

---

170. Ibid., p. 155.

A morte representa, todavia, uma "impossibilidade desmedida da existência"[171]. No que consistiria a sua desmesura? Ela apontaria por acaso para o caráter catastrófico da morte, para o fato de que ela derrubaria o ser em seu oposto por excelência, a saber, no nada?

Em outra passagem, Heidegger caracteriza a morte como a "possibilidade extrema" "de desistir de si mesmo". O que chama a atenção aqui é que ele entende a morte ativamente. O ser-aí desiste de si mesmo. A morte, então, não é algo que o "ser-aí" tem de sofrer em algum momento contra a sua vontade. Desistir de si mesmo seria, talvez, menos catastrófico do que aquela passividade na qual sofro o fim da minha vida, a saber em observar que a morte termina comigo, com meu Si, com a minha existência.

Heidegger se detém apenas brevemente na morte como "impossibilidade desmedida da existência", a saber, como aquele ponto final no qual o ser-aí cessa de existir, para a seguir voltar seus olhos para o ser. Nessa volta para o

---

171. HEIDEGGER, M. *Sein und Zeit.* Op. cit., p. 262.

ser a morte é experimentada como uma possibilidade *doadora-de-medida* [*mass-gebend*] da existência. Em que medida se poderia falar aqui de uma catástrofe? Traria a morte, no interior do ser, uma revolução em sua direção? Para onde ela, afinal, o derrubaria?

"Primeiramente e geralmente" o ser-aí vive, segundo a conhecida tese de Heidegger, esquecido de si ou perdido de si no cotidiano. A cotidianidade, o ser-aí se orienta nos paradigmas de percepção e de ação já existentes e familiares do "Se". A morte seria uma catástrofe na medida em que ela arrastaria o ser-aí para fora da obviedade do mundo cotidiano e familiar, no fato de que ela faria com que ele "desmoronasse em si"[172]. Essa "catástrofe-do-mundo" coloca o ser-aí em uma "disposição do assombro". Assombroso não é, portanto, o fim do ser, não o "nada" que viria "depois", mas sim o próprio ser em sua nudez e em seu assombro não familiares.

O desmoronamento do mundo, contudo, não é completamente catastrófico, pois ele não

---

172. Ibid., p. 189.

me derruba. O "assombro nu" do ser lança o ser-aí, antes, a si mesmo. Onde afunda para longe o mundo cotidiano, no qual o ser-aí primeiramente e geralmente vive esquecido de si, [lá] desperta um enfático si. O si apreende verdadeiramente a si mesmo. A morte não coloca o ser-aí em uma passividade radical. Antes, ela representa uma ruptura ou um ponto de virada. Em vista da morte, o ser-aí desperta para aquela existência autêntica que, em oposição à existência inautêntica do "Se", é carregada por um si enfático. A morte convoca o ser-aí para a "decisividade para si mesmo". Ele chama, balança o ser-aí até despertá-lo. Ela "abre" ao ser-aí "o seu ser *mais próprio*"[173]. Assim, o ser-aí tem a rem-*iniscência* [*er-innert*] de *si mesmo*, de seu *Eu-sou*[174].

> *Nessa idade*
> *Frente ao espantalho*
> *Mesmo eu tremo*
> Issa

---

173. Ibid., p. 263.

174. Cf. HAN, B.-C. *Todesarten* – Philosophischen Untersuchungen zum Tod [Modos de morte – Investigações filosóficas sobre a morte]. Munique, 1998, p. 38-73.

Um heroísmo também impera no "ser para a morte" de Heidegger. O temor frente a morte como perecer é, segundo Heidegger, uma disposição fraca. É heroica, em contrapartida, a postura de olhar a morte nos olhos e se demorar nela, aquela morte que se anuncia como desmoronamento do mundo cotidiano. Esse ser para a morte heroico seria o "feitiço" que auxiliaria o ser-aí a chegar a seu ser mais próprio. Ele converte de outra maneira o negativo em ser. O que importa é suportar, em uma decisividade heroica, o medo. O "medo frente à morte" não é o medo frente ao fim do ser, mas sim o medo frente ao ser como tal, que deve ser tomado de mim mesmo em minha individualização.

No ser para a morte que é "*minha* morte" se agita um enfático "*eu sou*": "Com a morte, que é apenas como o *meu* morrer, está diante de mim *meu ser mais próprio*, meu poder--ser de cada instante. O ser que serei no 'último' de meu ser-aí, que eu posso ser a cada instante, essa possibilidade é o meu mas próprio 'eu sou', ou seja, eu serei meu eu mais próprio. Essa possibilidade – morte como minha morte – sou eu mesmo"[175]. À possibilidade da "desistência de si", que seria na verdade uma perda de si, um fim do Si a ser sofrido passivamente, o ser-aí reage com uma heroica "decisividade para si mesmo". A morte, portanto, não é o fim do *meu*. Antes, ela desperta, como *minha* morte, um enfático *eu sou*. Eu morro significa, então: *eu sou*. Um ser para a morte heroico converte essa em ser, cujo conteúdo positivo enuncia "eu sou".

> *Verme da colza*
> *Borboleta não será*
> *No outono se vai*
> Bashō

Em Heidegger, a morte certamente não promete o infinito no sentido platônico. O "ser-aí" não foge do corpo como lugar da finitude para se aproximar de uma infinitude. Em vista da morte, Heidegger tampouco estaria de acordo com o fichteano "Assim sou imutável, fixo, e completo por toda a eternidade". Mas manifesta-se novamente um heroísmo, ou seja, um desejo. Aquele "eu sou" enfático

---

175. HEIDEGGER, M. *Prolegomena zur Geschichte des Zeitbegriffs* [Prolegômenos para a história do conceito de tempo]. Frankfurt a.M., 1979, p. 433 [Gesamtausgabe, 20].

que desperta em vista da morte é, em última instância, afinal, uma virada heroica contra a finitude humana, pois a morte termina definitivamente justamente com o Eu-sou. A relação à morte que não perderia a finitude de vista, em contrapartida, seria aquele ser para a morte no qual se afrouxa o prendedor do Eu.

Também no zen-budismo a morte certamente não representa nenhuma catástrofe, nenhum escândalo. Ela não coloca em movimento, porém, aquele trabalho de luto que *trabalha* coercitivamente contra a finitude. Nenhuma economia do luto converte o "nada" em "ser". O zen-budismo desenvolve, antes, uma serenidade em relação à morte, que é livre de heroísmo e desejo, que, por assim dizer, mantém o passo com a finitude, em vez de trabalhar contra ela.

Já desde cedo Dōgen se confrontou intensivamente com a morte e com a impermanência. Uma bibliografia dele escreve: "Na morte da amada mãe aos sete anos de idade a sua tristeza foi muito profunda. Quando viu subir o incenso no templo Takao, conheceu o vir a ser e o passar e a impermanência. Ele despertou no coração a demanda pela iluminação"[176]. A "iluminação", todavia, não teria consistido numa superação da impermanência. Um pouco antes de sua morte, Dōgen teria escrito:

> A quem comparo afinal
> O mundo e a vida do ser humano?
> À sombra da lua
> Quando repousa na gota de orvalho
> Do bico da ave aquática[177].

A casualidade, a impermanência e a fugidez das coisas que são trazidas à fala aqui balançam tranquilamente em si, não apontam para o outro de si mesmas. Sem qualquer heroísmo, sem qualquer desejo, Dōgen se demora nas coisas que passam. Ele não olha para além da impermanência. Uma disposição de espírito similar também é expressa pelas seguintes palavras de Issa:

> Em nenhum momento de minha vida fugi de pensamentos sobre a casualidade e a impermanência, compreendi que todas as coisas do mundo têm vida curta e arrebatam como um raio. Eu errei até que meu cabelo

---

176. Apud DUMOULIN, H. *Geschichte des Zen-Buddhismus* [História do zen-budismo]. Vol. 2. Berna, 1986, p. 42.

177. Apud ibid., p. 51.

> se tornasse branco como a geada de inverno[178].

Issa errou através do impermanente e, ao fazê-lo, manteve o passo com as coisas que passam. Ele se mantém na imanência impermanente em vez de se elevar para acima dela. Ele, por assim dizer, faz amizade com elas. Ele passa junto, ele também *se* deixa passar. Nessa serenidade singular, a finitude *se esclarece* a partir de si mesma. A finitude vem à luz sem o luzir do infinito, sem o brilho da eternidade. O luto que certamente habita aquelas palavras de Issa se aproxima, caso se o ouça atentamente, de uma alegria. Lidamos, aqui, com um luto libertado no alegre, no aberto. Essa alegria se diferencia daquela jovialidade [*Fröhlichkeit*] à qual falta a profundidade do luto.

> *Que se confie*
> *Flores secam – murchando*
> *Ao seu jeito*
> Issa

Em Dōgen, se enuncia: "Do Si relacionado ao Eu só se pode primeiramente tomar distância quando se vê a impermanência"[179].

---

178. ISSA, K. *Die letzten Tage meines Vaters*. Op. cit., p. 123.
179. DŌGEN, E. *Shōbōgenzō*. Op. cit., p. 36.

Lida-se, aqui, com uma experiência particular da impermanência, pois não é a percepção da impermanência como tal que leva à ausência de Si. Onde se desperta uma resistência contra a impermanência, se forma um Si enfático. Assim, [o Si] *se* aumenta, se faz, por assim dizer, que o Eu cresça contra a morte que é a *minha* morte, que termina com o Eu. Uma outra percepção da mortalidade é aquele "despertar para a impermanência"[180] em que se deixa a *si mesmo* passar.

Onde alguém *se* entrega à morte, onde alguém se es-vazia, a morte não é mais a minha morte. Ela não tem nada mais de dramático em si. Eu não sou mais acorrentado à morte que seria a *minha* morte. Desperta uma serenidade, uma liberdade para a morte [*Freiheit zum Tode*]. Uma outra postura espiritual se encontra no fundamento daquela "passional" "liberdade para a morte"[181] heideggeriana. Essa acompanha aquele enfático "Eu sou", uma decisividade heroica para si. A liberdade

---

180. Ibid., p. 104.
181. HEIDEGGER, M. *Sein und Zeit*. Op. cit., p. 266.

para a morte zen-budista, em contrapartida, surge de um certo *Eu-não-sou*. Despede-se aí, não apenas do Si "egoísta", mas também da interioridade egoica e almal [*seelenhafte*]. O despertar para a impermanência des-interioriza o Eu. A morte não é, aqui, uma possibilidade extraordinária de ser o Si, mas sim uma possibilidade singular de despertar para uma ausência de Si, de não ser *Eu*.

No exemplo 41 do *Biyan Lu* se diz: "Como é, afinal, então, quando alguém que morreu a grande morte agora, pelo contrário, torna-se vivo?"[182] A "grande morte" não encerra a vida. A morte que entraria no fim da vida seria uma "pequena" morte. Certamente, apenas o ser humano seria capaz da "grande morte". Ela representa aquela ousadia de *se* deixar morrer. Ela não anula, todavia, o Si. Antes, ela o ilumina no aberto. O Si se esvazia ao se preencher com uma amplidão do mundo. Esse modo de morte singular faz com que surja um si preenchido pela amplidão, um si sem si.

---

182. GUNDERT, W. (org.). *Bi-yän-lu*. Op. cit., vol. 2, p. 159.

Para Hegel, a morte faz com que o Si, por assim dizer, cresça em "extensão" para o universal. Ela eleva a interioridade do indivíduo para a interioridade do universal. A interiorização [*Ver-Innerlichung*] é o traço fundamento do espírito hegeliano. O movimento fundamental da "grande morte" é, em contrapartida, a des-interiorização [*Ent-Innerlichung*]. Assim, aquela totalidade na qual o Si *se* suspende é livre da interioridade subjetiva. Ela é em si *vazia*. Ela não é nem substância nem sujeito. Assim, a "grande morte" seria mais catastrófica do que a morte dialética, pois ela nega toda subjetividade ou egoidade.

Pode-se, apesar de tudo, achar uma certa proximidade da "grande morte" em relação à *mors mystica* [morte mística]. Eckhart ensina, de fato, que, na morte, "todo desejo" da alma desaparece[183]. Em uma esfera superior, porém, o desejo da alma se repete. A "morte em Deus" é *animada* pelo esforço por uma infinitude.

---

183. MESTRE ECKHART. *Schriften und Predigten* [Escritos e Sermões]. Vol. 2. Jena, 1909, p. 207 [ed. de Hermann Büttner].

Na "morte divina"[184] a alma se funde inteiramente com Deus, para o qual "nada morre"[185]. O exemplo de Eckhart para a nobreza do ser aponta indiretamente ao seu caráter de esforço: "As lagartas, quando caem das árvores, sobem uma parede na qual elas sustentam o seu ser. Nobre assim é o ser"[186]. Na morte em Deus nada deve ser inteiramente perdido. Uma confiança profunda na economia divina acompanha a morte em Deus: "A natureza não destrói nada sem dar algo melhor [em troca]. [...] Se isso a natureza [já] faz, Deus, então, faz ainda mais: ele nunca destrói sem dar algo melhor [em troca]"[187]. "Prezamos a morte em Deus, pela qual ele nos coloca em um ser que é melhor do que a vida [...]"[188]. A morte em Deus ocorre, além disso, por "amor" a Deus. Mas esse "amor" emaranha o amante em um narcisismo. A morte não mata a própria interioridade. Essa, antes, é suspensa ou, em outras

---

184. Ibid.

185. MESTRE ECKHART. *Predigten* [Sermões]. Frankfurt a.M., 1993, p. 101 [Werke, 1 – org. de Niklaus Largier].

186. Ibid., p. 101.

187. Ibid., p. 97s.

188. Ibid., p. 101.

palavras, espelhada na interioridade infinita daquela "divindade" que "balança em si mesma", que "não vive para ninguém mais a não ser para si mesma"[189].

Em oposição à *mors mystica*, a grande morte do zen-budismo representa um fenômeno da imanência, uma virada imanente. O impermanente não é transcendido em direção ao infinito. Não nos encontramos, então, em nenhum *outro lugar*. Antes, nos aprofundamos no impermanente. O exemplo 43 do *Bi-yan Lu* dá forma concreta a essa virada singular: "Um monge perguntou a Dung-schan: quando chega o frio ou o calor, como se foge deles? Dung-schan respondeu: por que você não se dirige para algum lugar no qual não haja nenhum frio ou calor? O monge perguntou: que tipo de lugar é esse, no qual não há nem frio nem calor? Dung-schan respondeu: esse é o lugar onde, quando está frio, o frio te mata, e onde, quanto está quente, o calor te mata"[190]. Uma vez Tsau-schan perguntou a um

---

189. MESTRE ECKHART. *Schriften und Predigten*. Op. cit., p. 206s.
190. GUNDERT, W. (org.). *Bi-yän-lu*. Op. cit., vol. 2, p. 191.

monge: "Onde quer ir nesse calor para fugir dele?" A isso o monge respondeu: "Para isso fujo no fogo de carvão sob a jarra de água fervendo". Tsau-chan perguntou novamente: "E como quer escapar do calor no fogo do carvão sob a jarra de água fervendo?" O monge respondeu então: "Lá nenhum sofrimento pode chegar"[191]. Aprofunda-*se* no calor ou no frio, em vez de desfazê-los. Lá não haveria *ninguém* que *sofresse* com eles.

O exemplo 55 do *Biyan Lu* conta uma anedota sobre a vida e a morte:

> Dau-wu e Djian-yuan chegaram em uma casa para expressar palavras de consolo. Djian-yuan bateu na urna e disse: ele vive ou está morto? Dau-wu respondeu: Eu não digo que ele vive e também não digo que ele está morto. Djian-yuan disse: por que você não diz nada? Dau-wu respondeu: eu não digo nada, não digo nada. Eles se dirigiram ao caminho de volta e chegaram ao caminho que levava para o monastério. Djian-yuan disse: Honorável, diga-me depressa! Se você não disser nada então tem de assim terminar, comigo baten-

---

191. Ibid., p. 195.

do no honorável! Dau-wu respondeu: Se é para bater, me bata então! Quanto a dizer, não digo nada. Então, Djian-yuan deu uma pancada em Dau-wu. Mais tarde, depois que Dau-wu adentrou a metamorfose [ou seja, morreu], Djian-yuan foi a Schi-schuang e lhe expôs a conversa contada. Schi-schuang disse: eu não digo nada, não digo nada. Com essas palavras, a luz acendeu de um golpe só em Djian-yuan[192].

Para que aponta, afinal, essa recusa teimosa do mestre Dau-wu em se manifestar? Que dizer reluz pelo não dizer? A que compreensão chega Djian-yuan por fim, subitamente, pelo silenciar de Schi-schuang? Dau-wu suspende para si o juízo, como se este produzisse divisões e oposições que suprimiriam aquela "verdade silenciosamente escondida e inteira" da qual se fala no início do exemplo 55. Na sua suspensão de juízo, mestre Dau-wu se mantém na esfera da In-diferença *antes* da distinção entre "vida" e "morte".

Vive-se *inteiramente* antes da separação entre "vida" e "morte". Morre-se *inteiramente*

---

192. Ibid., vol. 3, p. 55s.

antes da separação entre "vida" e "morte". O *cuidado* surge da distinção, que também habita no ato do juízo. Não se deve olhar para além da "vida", a fim de se a constituir como o inteiramente outro da "morte": "É como o inverno e a primavera. Não pensamos que o inverno se torna primavera. E não dizemos que a primavera se torna verão"[193]. Essa postura espiritual é correlata de uma experiência singular do tempo. Demoramo-nos inteiramente no presente. Esse presente preenchido, sereno, não é *dispersado* no antes e no depois. Ele não olha para além de si. Antes, ele se apoia em si mesmo. Esse tempo sereno deixa o tempo do cuidado para trás de si. O presente silenciado se distingue, além disso, do "instante" que se recorta ou se rompe do resto do tempo como um ponto temporal especial. Ele é um tempo *comum*. Falta a ele toda ênfase.

Na "explicação do cântico" do exemplo 41, Yuan-wu cita uma expressão zen: "Apenas quando o morto está completa e inteiramente morto em você, você se enxerga como

---

193. DŌGEN, E. *Shōbōgenzō*. Op. cit., vol. 1, p. 34.

vivente; e apenas quando o vivente em você está completa e inteiramente vivo, você se enxerga como morto"[194]. O vivente permanece um morto enquanto a "morte" não estiver morta, ou seja, enquanto a "morte" se opuser à "vida". Só depois da morte do "morto" se é inteiramente vivo, isto é, se vive inteiramente, sem encarar a "morte" como o outro da "vida". *Inteiramente vivo* não se confunde com "eterno" ou "imortal". Antes, coincide com *inteiramente mortal*.

A morte não é mais uma catástrofe, pois já se tem a *catástrofe* da grande morte atrás de si. *Ninguém* morre. A virada zen-budista para a morte ocorre sem trabalho de luto. Ela não vira o finito para o infinito. Ela não trabalha contra a mortalidade. Antes, ela vira a morte, por assim dizer, para dentro: *se morre na morte*. Esse modo singular de morte seria uma outra possibilidade de escapar da catástrofe.

---

194. GUNDERT, W. (org.). *Bi-yän-lu.* Op. cit., vol. 2, p. 164.

Afabilidade

> *Servo, um pouco tolo*
> *Também tira a neve*
> *Do vizinho*
> Issa

Já se apontou para o fato de que o vazio deveria ser entendido como um *meio da afabilidade*. No campo do vazio não ocorre nenhuma demarcação. Nada permanece isolado para si, persiste em si mesmo. As coisas se aconchegam, espelham umas às outras. O vazio des-*interioriza* o Eu em um *rei amicae* que se abre como uma pousada. Também o ser-com-outros [*Mitsein*] humano pode ser apreendido a partir dessa afabilidade.

O exemplo 68 do *Biyan Lu* traz à fala uma relação interpessoal singular: "Yang-schan [Hui-dji] perguntou a San-scheng [Hui-jan]: Qual é, pois, o seu nome? San-scheng disse: Hui-dji. Yang-schan disse: Hui-dji sou eu, ora! San-scheng disse: então meu nome é Hui-han.

Yang-schang riu vigorosamente: "Hahaha!" Hui-jan se chama pelo nome do outro. Assim, ele esbarra em seu próprio nome. Ao *se* deparar com ou se lançar desse modo no campo do vazio, ele faz de *si* um *ninguém*. Ele *se* suspende naquele vazio onde não há nenhuma *diferença* entre Eu e Outro.

O segundo passo do diálogo consiste, agora, em que cada um dos parceiros de diálogo retorne para o seu nome próprio, ou seja, para *si*. Falou-se de diversas maneiras que o vazio não nega todo próprio, mas sim o afirma. Só é negado o aprofundamento substancial em si mesmo. O primeiro passo representa, portanto, um Não que mata o Si. Yang-schan e San-scheng levam um ao outro à ruína, ou seja, se suspendem no vazio. O segundo passo, como um Sim, *revive* o Si novamente. Essa simultaneidade de não e sim produz um Si aberto e afável. A risada surge daquela desobrigação que livra o Si de sua fixidez. Yang-schan ri para além de Si mesmo, ri de modo a remover a *si* mesmo, se livra na in-diferença que é o lugar da *afabilidade arcaica*.

O cântico do exemplo 68 do *Biyan Lu* traz à fala o duplo movimento de não e sim: "Esse duplo empacotar, duplo soltar deve conduzir verdadeiros mestres: apenas quem possui a última arte pode montar o tigre. A sua risada termina. Não sabe onde ela ficou. Só que ela revolverá no vento, no vento ressoante, através dos tempos mais longínquos". O empacotar ou o morrer representa um Não des-*apropriador*. Ambos parceiros de diálogo se des-*apropriam*, entregam um ao outro à morte, se livram, dessa maneira, no vazio, onde não há nem "Eu" nem "Você". O Não suspende toda diferença. O soltar representa, em contrapartida, o movimento do sim, ou seja, do deixar-viver ou tornar-vivo, o qual permite novamente a contraposição de "Eu" e "Você", ou seja, a figura própria a cada um[195]. No cântico se fala novamente dá risada. A risada, esse vento puro, revolve no "vento ressoante", "através dos tempos mais longínquos". Essa risada alegre sopra do vazio, desse meio da afabilidade. Ela é própria àquele que morreu a "grande morte", que não faz mais trabalho de luto.

---

195. GUNDERT, W. (org.). *Bi-yän-lu*. Op. cit., vol. 3, p. 22.

O dito zen "Nem dono nem hóspede. Aberto a dono e hóspede"[196]. também expressa esse movimento. A hospitalidade originária surge daquele lugar onde não há nenhuma distinção, nenhuma diferença fixa entre dono e hóspede, onde o dono não está em casa consigo mesmo, mas sim é hóspede. Ela é constituída de maneira completamente diferente daquela "generosidade" na qual o hospedeiro *se* sentiria. "Nem dono nem hóspede" suspende justamente esse *si*. A pousada da afabilidade arcaica não pertence, por assim dizer, a ninguém.

A afabilidade arcaica é, certamente, o oposto daquela constelação interpessoal que Hegel descreve como luta entre duas totalidades. Em vez de se esvaziarem, aqui cada um tenta se pôr como um Si absoluto. Quero aparecer e ser reconhecido na consciência do outro como um tal que o exclui inteiramente. Apenas na exclusão do outro eu seria realmente totalidade. Cada um põe o seu Próprio absolutamente. O menor colocar-em-questão de uma parte de

---

196. Cf. *Zen-Worte im Tee Raume* [Ditados zen no quarto do chá]. Tóquio, 1943, p. 21 [comentado por Sôtei Akaji, trad. de Hermann Bohner].

minha posse diria respeito ao todo de mim mesmo: "A violação de um indivíduo é, por isso, infinita; ela é uma injúria absoluta, uma injúria de sua honra; e a colisão de cada indivíduo é uma luta pelo todo"[197]. A absolutização do Próprio representa o oposto daquela generosidade que seria uma outra expressão da afabilidade arcaica. A afabilidade arcaica se apoia naquela ausência de Si e de posse.

Chega-se à luta de duas totalidades pelo fato de que também o outro quer se pôr em minha consciência como uma totalidade excludente. Assim, ambos se encontram, como absolutamente opostos, um contra o outro. Esse um contra o outro absoluto poderia ser chamado de *hostilidade arcaica*. É impossível, aqui, a palavra afável. Injúria e violação dominam o ser para o outro: "*Eles precisam por isso violar um ao outro;* que cada um ponha, em sua individualidade, a sua existência como totalidade excludente tem de se tornar efetivo; a injúria é necessária [...]"[198]. Eu preciso injuriar,

---

197. HEGEL, G.W.F. *Jenenser Realphilosophie I* [Filosofia real de Jena]. Leipzig, 1932, p. 226.

198. Ibid., p. 227.

violar e negar o outro para que possa aparecer e ser reconhecido como totalidade excludente. No desejo de me pôr como totalidade excludente tenho de me dirigir à morte do outro. Ao fazê-lo, porém, me coloco eu mesmo em perigo de morte. Não arrisco apenas o perigo de uma violação (Hegel fala de "feridas"), mas sim coloco a minha existência inteira em jogo. Quem, porém, por medo da morte, não aposta a própria vida, se torna "escravo do outro"[199]. A luta entre duas totalidades é uma luta de vida e morte: "Se ele permanece em si mesmo no interior da morte e suspende a disputa frente à morte, então, ele nem se provou como totalidade, nem reconheceu o outro enquanto tal"[200].

A decisividade heroica para a morte acompanha uma decisividade para o Si. A hostilidade arcaica é a expressão interpessoal desse ser heroico para a morte. Em oposição à "grande morte" do zen-budismo, em que se desperta para uma ausência de Si, a consideração hegeliana da morte está ligada àquela consciência

---

199. Ibid., p. 229.
200. Ibid.

de si enfática que exclui inteiramente o outro. O Eu heroico não ri.

Aquele senhor idoso da última imagem de *O boi e seu pastor*, cuja bochecha está cheia de riso, torna certamente a afabilidade arcaica visível. Seu riso faz estremecer toda separação e demarcação, cria o aberto: "Ele balança o bastão de ferro rápido como o vento –/Abrem-se larga e amplamente portas e portões"[201]. Afabilidade e generosidade preenchem seu coração: "Com o coração aberto e caridoso ele se mistura à luz e ao pó. Como se pode nomeá-lo? Um ser humano independente, de coração aberto e verdadeiro? Ou um tolo? Ou um santo? Ele é o 'tolo santo'. Ele não esconde nada. Certa vez mestre Hui-tang foi com o leigo Huang-shan-gu para as montanhas. Uma fragrância passou por eles. Hui-tang perguntou: 'Você percebe o cheiro da flor?' Quando Huang-shan confirmou que percebia, Hui-tang lhe disse: 'Não tenho nada a te esconder'. E bem naquele

---

201. OHTSU, D.R. (org.). *Der Ochs und sein Hirte*. Op. cit., p. 50.

lugar Huang-shan-gu despertou"[202]. A fala de Hui-tang "Não tenho nada a te esconder" seria uma *fala afável*. Ela surgiria daquele "coração aberto e generoso". O cheiro da flor des-*interioriza* Hui-tang ou preenche seu coração es-*vaziado*. A afabilidade arcaica não é trocada por "pessoas". Não é "alguém" que é afável com "alguém". Antes, seria preciso dizer: *ninguém* é afável. Ela não é uma "expressão" da "pessoa", mas sim um gesto do vazio.

A afabilidade arcaica se distingue daquela afabilidade comunicativa na qual se ajudaria um ao outro a se apresentar. "Afáveis" seriam, aqui, as palavras que possibilitariam ao outro um autoespelhamento desimpedido. A afabilidade comunicativa se orienta pelo Si. A afabilidade arcaica, em contrapartida, se apoia em uma ausência de si. Ela também deve ser distinguida daquela afabilidade na qual se mantém o outro a uma certa distância, a fim de proteger ou defender o seu interior. Em oposição a essa afabilidade protetora, ela surge de uma abertura sem limites.

---

202. Ibid., p. 126.

A afabilidade arcaica é de uma origem inteiramente diferente da afabilidade aristocrática de Nietzsche. Em seu *Aurora* se encontra um aforismo memorável: "Um outro amor ao próximo. – O ser agitado, barulhento, desigual, nervoso consiste no oposto da grande paixão: essa, como uma brasa sombria que habita no interior e que reúne aí tudo quente e caloroso, faz com que o homem pareça, do lado de fora, frio e indiferente, e sela os traços de uma certa impassividade. Tais homens são, ocasionalmente, certamente capazes do amor ao próximo – mas ele é de outro tipo do que aquele dos sociáveis e aduladores: é uma *afabilidade suave, ponderada, serena*; eles olham, por assim dizer, da janela de seu castelo, que é seu forte e, precisamente por isso, sua prisão: – O olhar para o estranho, livre, para o outro lhes faz tão bem!"[203] Essa afabilidade aristocrática pressupõe um interior preenchido, transbordando. Ele permanece, aí, separado do exterior por meio de um "forte". Assim,

---

203. NIETZSCHE, F. *Morgenröte* [Aurora], p. 286 [Werke – Kritische Gesamtausgabe, parte V, vol. 1 – Edição crítica completa de Giorgio Colli e Mazzino Montinari].

ela é uma afabilidade da "janela", por trás da qual a interioridade queima, uma afabilidade das mônadas que veem pela janela. Ela não vai além da nobreza daquele olhar suave, ponderado, que passeia no outro. Falta ao "castelo" ou ao "forte" aquela abertura arcaica. A sua serenidade é idêntica a uma satisfação consigo. A "impassibilidade" é oposta àquela permeabilidade da afabilidade arcaica, na qual toda diferença entre interior e exterior é suspensa. O afável arcaico não precisa de nenhuma "janela" para se encontrar fora de si mesmo, pois ele não habita nem em uma casa nem em um castelo. Ele não tem nenhum interno, nenhum interior do qual ele poderia ou quereria ocasionalmente partir. Ele mora, a saber, *lá fora*, ou, em outras palavras, *em lugar nenhum*. A afabilidade arcaica não surge da plenitude do interior ou do si, mas sim do *vazio*. Ela é sem paixão, in-diferente como as nuvens que passam. Falta a ela inteiramente a "brasa" interior. A afabilidade arcaica se distingue, além disso, daquela *gentillesse* [gentileza] que aponta para a "elegância" aristocrática. Ela é mais *comum* do que "nobre" ou "elegante".

A afabilidade arcaica é *mais velha* do que o "bem", *mais velha* do que toda lei moral. Ela se deixa apreender como uma força ética fund-ante [*grund-legende*]: "A sua vida que joga livremente longe de toda lei e norma não pode ser feita compreensível. Primeiramente dessa vida que joga livremente devem surgir todas as leis morais e todas as normas religiosas"[204].

> *É outono*
> *Meu vizinho –*
> *Como ele vai?*
> Bashō

Mettā é um conceito fundamental da "ética" budista. A palavra designa algo como gentileza [*Güte*] ou afabilidade. Ela deriva da palavra *mitra*, que significa "amigo". A afabilidade arcaica, contudo, não se deixa apreender a partir daquela economia da amizade, que faz com que essa gire em torno do si. Aristóteles, por exemplo, deriva a relação de amizade da relação a si. O virtuoso é "disposto em relação a seus amigos como em relação a si mesmo". Assim, o amigo é um "segundo Si [*allo*

---

204. OHTSU, D.R. (org.). *Der Ochs und sein Hirte*. Op. cit., p. 122.

autos]"[205]. A "medida suprema da amizade" é igual ao amor "que se tem por si mesmo"[206]. Aristóteles escreve, na *Ética a Nicômaco*: "Por conseguinte, perceber ao amigo significa o mesmo, em certo sentido, que perceber a si mesmo e, em certo sentido, que conhecer a si mesmo. Tem já, portanto, a sua razão para que a comunalidade do prazer e do viver juntamente com o amigo tenha algo de prazeroso também em formas triviais – [ela] é também de fato sempre também, ao mesmo tempo, a percepção, como dito acima, do próprio Eu [...]"[207]. A amizade, portanto, é uma relação de espelhamento entre *si* e os outros. Percebe-se a *si mesmo* no amigo. Apraz-se *a si mesmo* no outro. Assim, o amigo é, segundo a sua essência, *meu* amigo. Ele representa um retrato do Eu. O vazio do qual surge a afabilidade arcaica des-*espelha*, em contrapartida, a relação ao outro que parte do Eu, ao des-*interiorizar* e es-*vaziar* o Eu.

---

205. *Ética a Nicômaco* 1.166a, 29-32.
206. Ibid. 1.166b, 1-2.
207. *Ética a Eudemo* 1.245a, 35-38.

Também a amizade da fusão não suspende a interioridade do Eu. Ela é restituída na esfera do *nós*. Sobre a perda de um amigo, escreve Montaigne: "Desde de o dia que o perdi, aquele dia, do qual eu sempre recordarei de luto, pois a sua vontade, deuses, o tomou de mim [e] dessa terra, [e] eu me arrasto com as forças esgotadas para ela: e as alegrias que se oferecem a mim duplicam a dor sobre a sua perda, em vez de me consolar. Compartilhávamos tudo um com outro, e para mim é como se a minha sobrevivência roubasse de mim a sua parte. Assim, decidi abdicar de todo tipo de prazer agora, já que meu segundo Eu foi separado de mim. Eu já estava tão habituado e acostumado a sempre estar a dois que tenho a impressão de viver agora apenas pela metade"[208]. O amigo é, para Montaigne, um "segundo Eu". Essa amizade da fusão duplica o Eu. "Nós" somos "Eu a dois". Abandona-se, de fato, a separação individual. Mas se permanece ainda profundamente atrelado à interioridade. Seria necessário cortar inteiramente cada laço

---

208. MONTAIGNE, M. *Essais* [Ensaios]. Frankfurt a.M., 1998, p. 104.

de interioridade para se chegar a uma afabilidade arcaica. O outro que conta para a afabilidade arcaica é, certamente, o *terceiro*.

Para Aristóteles, a igualdade e a troca de equivalentes constitui o traço fundamental da amizade: "Amigo, porém, ele apenas se torna, como se sabe, quando ele retribui o afeto recebido e quando isso não permanece desconhecido por alguma razão aos seus parceiros"[209]. Desse modo, não se poderia ser nem amigo do inanimado, nem do animal, pois eles não seriam capazes de retribuir[210]. Além disso, a casa constitui os "princípios e fontes" da amizade[211]. A relação entre os pais e a criança que ama àqueles como ao "seu outro si" seria um arquétipo da amizade[212]. Os estranhos são aqueles que estão fora da casa. É "eticamente mais belo" "praticar" a benevolência "em relação a amigos do que em relação a estranhos"[213]. Uma lei da casa [*oikos*] domina a

---

209. *Ética a Eudemo* 1.236a, 14-15.
210. *Ética a Nicômaco* 1.155b, 27-29.
211. *Ética a Eudemo* 1.242a, 40-1.242b, 1.
212. *Ética a Nicômaco* 1.162a, 7-9.
213. Ibid. 1.169b, 12.

ideia grega de amizade. *Oikeios* significa tanto "pertencente à família ou ao parentesco" como também "amigável" ou "amigo de". Assim, os gregos caracterizam o *parente* com a palavra que é a forma superlativa de "amigo". Em Dōgen se encontra, em contrapartida: "Ter compaixão pelos seres humanos e não distinguir nisso entre conhecidos e estranhos; sempre se esforçar para salvar a todos sem distinção, e nisso nunca pensar no próprio ganho, nem no sentido de vantagens mundanas nem de supramundanas; também quando os outros não souberem e não mostrarem gratidão, simplesmente fazer bem aos outros, como seu coração comanda, e nunca trazer ao conhecimento do outro o que o seu bem alimenta no coração"[214].

Em muitos sentidos, a afabilidade arcaica é oposta à ideia aristotélica do amigo. O lugar de origem dessa afabilidade não é, em primeiro lugar, a "casa". É que o arcaicamente afável não mora em lugar nenhum, não se orienta pela casa [*oikos*], que seria o lugar da *propri*-edade e da posse, ou seja, o lugar da interioridade.

---

214. DŌGEN, E. *Shōbōgenzō*. Op. cit., p. 103.

Ele transcende toda manutenção-da-*casa* [*Haushälterische*], ou seja, toda economia da troca ou da equivalência. Ele é o amigo des-*interiorizado*, des-*apropriado* de todos os entes. Ele é afável não apenas com outros seres humanos, mas com todos os entes.

Também o amor cristão ao inimigo não é livre da economia. A exigência de dar unilateralmente sem esperar nada em troca caminha lado a lado de uma economia santa. É que se espera, a saber, por uma recompensa divina: "Se vocês amam aqueles que os amam, que recompensa terão? Porque até os pecadores amam aqueles que os amam. Se fizerem o bem aos que lhes fazem o bem, que recompensa terão? Até os pecadores fazem isso. E, se emprestam àqueles de quem esperam receber, que recompensa terão? Também os pecadores emprestam aos pecadores, para receberem outro tanto. Vocês, porém, amem os seus inimigos, façam o bem e emprestem, sem esperar nada em troca; vocês terão uma grande recompensa [...] Deem e lhes será dado; boa medida, prensada, sacudida e transbordante será dada a vocês; porque com a medida com que tiverem medido vocês serão medidos também (Lc 6,32-38). No zen-budismo não haveria, em contrapartida, nenhuma instância que restauraria a economia em uma esfera superior. Dá-se e se doa sem qualquer cálculo econômico. Não há, justamente, ninguém que manteria-a-casa [*haus-hielte*].

A compaixão que surge da afabilidade arcaica não se deixa compreender a partir da "compaixão" comum. Ela se aplica, em primeiro lugar, não apenas a outros seres humanos, mas ao ente em geral. Em segundo lugar, ela não se deve à identificação ou a se "pôr no lugar do outro" [*Einfühlung*]. A compaixão da afabilidade não conhece aquele Eu que se compadece ou se alegra com o outro por meio de um processo de identificação. Se todo "sentimento" [*Gefühl*] estivesse ligado ao "sujeito", então, a compaixão [*Mitgefühl*] não seria um "sentimento". A compaixão não é um sentimento "subjetivo", não é uma "inclinação". Ela não é *meu* sentimento. *Ninguém* sente. A compaixão *acontece* com alguém. *Ela* é afável: "Ele [o zen-budista] se alegra e sofre como se não fosse de modo algum "ele" que se alegra e sofre. Ele se sente como na respiração: não é "ele" que respira, como se a respiração dependesse dele e do seu consentimento, mas sim ele é respirado e tem, aí, no máximo, a observação consciente"[215]. O *Com* afável se deve ao vazio que é esvaziado dessa distinção entre Eu e outro. Ele não permite aquele Si que *se* sentiria na compaixão: "Compaixão [...] não pode promover o menor sentimento de satisfação consigo mesmo"[216]. Aquele Com afável está enraizado em uma in-diferença [*In-Differenz*] ou equi-*valência* [*Gleich-Gültigkeit*]. Ele é livre tanto do ódio quanto do amor, tanto do afeto como da repulsa.

Segundo Schopenhauer, a compaixão desperta lá, onde o *principium individuationis* [princípio de individuação], em função do qual eu ponho absolutamente *minha* "vontade de vida" *contra* outros, é interrompido. Nisso, porém, a "vontade de vida" não é ela

---

215. HERRIGEL, E. *Der Zen-Weg* [O caminho zen]. 3. ed. Weilheim, 1970, p. 91.

216. "Die Dialogen des Huang Po mit seinen Schülern" [Os diálogos de Huang Po com seus discípulos]. In: Von MURALT, R. (org.). *Meditations-Sutras des Mahâyâna-Buddhismus*. Op. cit., p. 77.

mesma suspensa. Ela é o em si do mundo fenomênico, que "constitui a essência de todas as coisas e vive em tudo"[217]. Apenas se reconhece que o em-si do meu próprio fenômeno, a saber, a vontade de vida, também é o em-si do estranho. Onde o *principium individuationis* não mais acorrenta, se procura produzir o equilíbrio entre si e o outro, "se renuncia a prazeres, se assume privações para amenizar o sofrimento alheio". Compreende-se que a diferença entre si e o outro, "que é, para o mau, uma cisma tão grande, pertence apenas a um fenômeno passageiro enganoso"[218].

A ética da compaixão de Schopenhauer se assenta, de fato, para além do "dever" moral, ou seja, da ética normativa. Mas, em oposição ao zen-budismo, a vontade ainda domina a relação ao outro. Na compaixão, o outro é posto, a saber, como o "*último fim* de minha vontade"[219]. Eu "*quero*" o bem-estar do outro, pois

---

217. SCHOPENHAUER, A. *Die Welt als Wille und Vorstellung* [O mundo como vontade e representação]. Stuttgart/Frankfurt a.M., 1960, p. 507 [Sämtliche Werke, 1].

218. Ibid.

219. SCHOPENHAUER, A. "Über die Grundlage der Moral". In: *Kleinere Schriften*. Stuttgart/Frankfurt a.M., 1962, p. 740 [Sämtliche Werke, 3].

ele é "mais uma vez eu"[220]. Quem é compassivo reconhece no sofredor "a si mesmo, seu Si, sua vontade"[221]. A ética da compaixão de Schopenhauer ainda permanece presa à figura do Si. Assim, ela tem de resolver o problema da identificação entre o Si e o outro. A compaixão pressupõe, a saber, "que eu seja de alguma maneira *identificado com ele*, ou seja, que aquela *diferença* inteira entre mim e aquele outro, na qual o meu egoísmo se baseia, seja suspensa ao menos em um certo grau". Segundo Schopenhauer, essa identificação ocorre por meio da "representação". "Como, porém, eu não me insiro *na pele* do outro, só posso, então, por meio do *conhecimento* que tenho dele, ou seja, da representação dele em minha cabeça, me identificar com ele de tal modo que meu ato anuncie aquela diferença como suspensa"[222]. A diferença entre si e o outro é suspensa, porém, apenas "em um certo grau": "[...] permanece

---

220. Ibid. p. 810.

221. SCHOPENHAUER, A. *Die Welt als Wille und Vorstellung*. Op. cit., p. 508.

222. SCHOPENHAUER, A. "Über die Grundlage der Moral". Op. cit., p. 741.

claro e presente para nós justamente a cada instante, que *ele* é o sofredor, não *nós* e justamente *em sua* pessoa, não em nossa, sentimos o sofrimento, para a nossa tristeza. Sofremos *com* ele, ou seja, *nele*: sentimos sua dor como a *sua* e não imaginamos que ela seja nossa"[223].

Como se sabe, Buber assenta a relação dialógica entre Eu e Tu no "reino do Entre", a saber, naquela "aresta estreita" "além do subjetivo" e "aquém do objetivo"[224]. Ela "não é mais localizada, como de costume, ou nas interioridades do indivíduo ou em um mundo universal que o envolveria e o determinaria, mas sim fatidicamente *entre* eles"[225]. Essa proposta é interessante na medida em que ela situa o lugar o acontecimento inter-humano fora da *interioridade* o indivíduo isolado em si mesmo. O Entre no qual ocorre a relação entre indivíduos é, por assim dizer, *mais velho* do que eles. Ele designa uma relação que não pode ser substancializada, que precede aos termos da relação.

---

223. Ibid., p. 744.

224. BUBER, M. *Das Problem des Menschen* [O problema do ser humano]. Munique, 1962, p. 406 [Werke, 1].

225. Ibid., p. 405 [grifos de B.-C.H.].

O vazio do zen-budismo se distingue de muitas maneiras do Entre buberiano. Ele é o lugar da in-diferença do *nem-eu-nem-tu*. O Entre, em contrapartida, não é tão vazio ou tão aberto quanto o vazio. Ele é cercado por ambos os *pontos-finais*, nos quais o Eu e o Tu são postos. A relação dialógica, ou seja, a "confrontação" ocorre, de fato, fora da *interioridade* dos sujeitos individuais. Mas o Entre se condensa ele mesmo em um espaço da interioridade. Ele tem o fechamento e a intimidade de um interior. Também seria possível dizer: o Entre tem uma *alma*. A conversa entre Yang-schan e San-scheng não constitui, em contrapartida, nenhum "diálogo" [*Zwiesprach*] íntimo. Justamente o "riso" alto rompe toda intimidade, toda interioridade do entre.

O exemplo de Buber para a "relação dialógica" torna claros a intimidade e o fechamento dessa relação-a-dois: "No aperto mortal do refúgio antiaéreo, se encontram de repente os olhares de dois desconhecidos por segundos, em reciprocidade chocante e desprovida referência; Quando a sirene de fim de alarme soa, isso já está esquecido, e todavia ocorreu, em uma esfera que não durou mais do que aquele instante. Pode ocorrer que, no escuro anfiteatro de ópera, entre dois ouvintes estranhos um ao outro que escutam, com a mesma pureza e com a mesma intensidade, alguns tons de Mozart, se erija uma relação praticamente imperceptível e, contudo, elementar e dialógica, que já sucumbiu há muito tempo quando as luzes se acendem"[226]. No momento da confrontação dialógica, os dois participantes se destacam do resto, se entregam ao interior do diálogo, ou seja, do Entre. O Tu é "sem vizinho"[227]. Buber acentua frequentemente a exclusividade da relação dialógica: "Toda relação real a um ente [*Wesen*] ou a uma entidade [*Wesenheit*] no mundo é exclusiva. Liberto, removido, único e sendo diante de [você] está o seu Tu. Ele preenche o círculo celestial: não como se não houvesse mais nada, mas todo o resto vive sob *sua* luz"[228]. A exclusividade, ou seja, a ausência de vizinhança do Tu concede ao Entre uma

---

226. Ibid., p. 406.

227. BUBER, M. *Ich und Du* [Eu e Tu]. Munique, 1962, p. 83 [Werke, 1].

228. Ibid., p. 130.

interioridade profunda. A afabilidade arcaica, que é divorciada de qualquer interioridade, não conhece um Tu enfático.

É, segundo Buber, a "melancolia de nossa sorte que todo Tu em nosso mundo tenha de se tornar Isso". O ser humano, "que justamente era ainda único e desarranjado, não disponível, apenas presente, não experimentável, apenas tocável", tornou-se, segundo Buber, "agora novamente um Ele ou um Ela, uma soma de propriedades, um *quantum*"[229]. O Isso é um Algo, um objeto de apropriação. Em oposição ao Tu-Eu, o Isso-Eu é incapaz da relação, pois ele se relaciona apenas de maneira apropriativa com o mundo: "Se diz que o ser humano experimentaria o seu mundo. O que significa isso? O ser humano transita pela superfície das coisas e as experimenta. Ele toma delas um saber sobre sua constituição, uma experiência. Ele experimenta o que está nas coisas. Mas não apenas experiências trazem o mundo para o ser humano. Isso pois elas apenas lhe trazem um mundo que consiste em Isso e Isso e Isso, de Ele e Ele

---

229. Ibid., p. 89.

e Ela e Ela e Isso. Eu experimento Algo. [...] O mundo como experiência pertence à palavra fundamental Eu-Isso. A palavra fundamental Eu-Tu promove o mundo da relação"[230]. O Tu individual é finito. Depois do curto instante da confrontação, ele se torna novamente Isso. O Tu permanece, porém, inserido em Deus, a saber, naquele "Tu eterno" que, segundo sua essência, não pode se tornar um Isso.

A dialógica de Buber desemboca em uma teologia. Todos os apelos dirigidos ao Tu giram em torno do "Tu eterno". Eles são, em última instância, um apelo a Deus. Como uma janela, o Tu individual concede uma "vista" de Deus, do "eterno Tu": "Em toda esfera, por tudo aquilo presente a nós que vem a ser, temos a vista da orla do Tu eterno, de tudo ouvimos um sopro dele, em todo Tu nos dirigimos ao [Tu] eterno, em toda esfera à sua maneira"[231]. Toda relação dialógica é, como dito, exclusiva. As linhas da relação teriam de, em função de sua exclusividade, se elas pudessem de al-

---

230. Ibid., p. 80s.
231. Ibid., p. 81.

gum modo ser alongadas, andar paralelamente uma à outra, sem se tocarem. Buber, porém, *embrulha* as linhas dialógicas, faz com que elas corram para um centro: "As linhas alongadas da relação se cortam no Tu eterno"[232]. "Ele [o mundo do Tu] tem a sua interconexão no centro no qual as linhas alongadas da relação se cortam: no Tu eterno"[233]. Com essa figura circular, Buber inscreve no Entre dialógico uma interioridade adicional. Ocorre uma centralização interiorizadora. O Entre já recolhido em si *se recolhe* no centro divino. Essa interioridade múltipla faz novamente clara a diferença entre o Entre dialógico e o vazio zen-budista, cujo traço fundamental é a des-interiorização. O apelo dirigido ao Tu gira em torno de Deus, do "Senhor da voz"[234]. As vozes que valeriam exclusivamente para um Tu são ainda mais interiorizadas na voz de Deus. A comunidade é fundada não por meio de um *conversar um com o outro de vizinhos*, mas sim por meio

---

232. Ibid., p. 128.

233. Ibid., p. 146.

234. BUBER, M. *Zwiesprache* [Diálogo]. Munique, 1962, p. 188 [Werke, 1].

daquele "raio" que corre para o centro divino: "Não a periferia, não a comunidade [*Gemeinschaft*] é o primeiro, mas sim o raio, a comunalidade [*Gemeinsamkeit*] da relação ao centro. Apenas ele assegura a verdadeira existência da comunidade [*Gemeinde*]"[235]. Falta, à afabilidade arcaica que vem do vazio justamente esse "centro". Como falta o centro, não há também nenhuma periferia e nenhum raio. A afabilidade arcaica formula um ser com outros sem o centro centrador ou centrípeta.

O "Tu" de Buber, como palavra do amor e da afirmação[236], é exprimido com uma ênfase. Captura [*Ergriffenheit*][237] ou sublimidade constituem a disposição fundamental que con-*signa* [be-*stimmt*] a relação dialógica. Não se pode chamá-la de *palavra afável*. Falta à afabilidade arcaica qualquer ênfase, qualquer interioridade, qualquer intimidade. Ele não é, a saber, excludente. A palavra afável rompe o diálogo interior, entona para além do "Eu" e do "Tu". Ela é, sob muitos aspectos, indiferente.

---

235. BUBER, M. *Ich und Du*. Op. cit., p. 156.
236. Cf. ibid., p. 88s.
237. Cf. Ibid., p. 82.

Justamente essa in-diferença toma dela a interioridade, faz dela *mais universal, mais aberta* do que a palavra do "amor" dirigida ao Tu.

Em *Eu e Tu*, Buber objeta ao budismo a incapacidade para a "relação", a "suspensão do poder-falar-ao-Tu"[238]. Seria estranho a Buda o "mero estar um frente ao outro de criatura a criatura". Segundo Buber, o budismo, como toda "doutrina do aprofundamento", decairia naquele "delírio gigantesca do espírito que se volta para si mesmo"[239]. Nesse "delírio", o espírito se priva de todo sentido para a relação: "Ao recusar esse seu sentido, esse seu sentido para a relação, o espírito que se volta para si mesmo precisa inserir Aquilo que não é o ser humano no ser humano, ele precisa tirar a alma do mundo e de Deus".

> *Não se vê ninguém*
> *Na primavera, só há*
> *Flores de ameixa*
> Bashō

A interpretação de Buber do budismo é, sob alguns aspectos, problemática. O budismo

---

238. Ibid., p. 140.
239. Ibid., p. 141.

não conhece, antes de tudo, aquela interioridade humana, aquela cela isolada do "puro sujeito" "voltado para si mesmo", em que tudo deveria ser interiorizado, "animado". O que importa, muito antes, é des-interiorizar o espírito. O espírito aberto, afável, está desde sempre *lá fora*. A "relação" dialógica, em contrapartida, pressupõe uma interioridade do Eu, da qual parte um apelo para o Tu separado dele. A afabilidade arcaica não precisa daquele apelo, pois ela desperta de um *ISSO* singular da indiferença, que, porém, deve ser distinguido do Mundo-Isso de Buber. Ele permite uma relação, e, de fato, um ser com outros sem interioridade e desejo.

Também o pilão é Issa![240]
Issa

As crônicas budistas contam de um acontecimento da transmissão da "luz" de Śākyamuni para o seu discípulo Kaśyapa. Também Dōgen aponta sempre novamente para esse acontecimento especial: Na montanha de Geier, o supremo do mundo ergueu, diante de uma grande congregação, uma flor de

---

240. ISSA, K. *Die letzten Tage meines Vaters*. Op. cit., p. 98.

Udumbara[241] e piscou. O rosto de Mahākāśyapa partiu[242] em riso. O supremo do mundo falou: "Eu possuo o verdadeiro olho do dharma e o espírito maravilhoso do nirvana. Eu confio esses [dois] a Mahākāśyapa"[243]. O riso de Kaśyapa, certamente, não é um "sinal" de que ele "compreendeu" o "sinal" de Śākyamuni. Nada é "interpretado" aqui. Não se troca nenhum "sinal". Dōgen nota, sobre o erguer da flor: "Montanhas e rios, animais, grama e árvores – todos esses tipos diferentes de coisas que se mostram agora aqui e ali – são, justamente, o erguer da flor. Também vida e morte, ir e vir são as formas múltiplas e o brilho da flor". A flor erguida *é* o mundo de muitas formas; ela é vida e morte, ir e vir dos entes. Também o riso não "aponta" para nada. Antes, ele é a *ocorrência de uma metamorfose singular*, na qual Kaśyapa se torna flor: "O piscar representa o instante no qual, enquanto Buda se sentava sob a árvore Bodhi, a estrela

---

241. *Ficus glomerata* – um tipo de figueira.
242. Isso significa: o rosto perdeu a fixidez.
243. DŌGEN, E. *Shōbōgenzō*. Op. cit., vol. 3, p. 247s.

clara tomou o lugar de seus olhos. Então o rosto de Mahākāśyapa 'partiu' em riso. Seu rosto já estava 'partido', e seu lugar foi tomado pelo rosto da flor erguida"[244]. O rosto que ri de Kaśyapa *é* o mundo. Ele *é* vida e morte, ir e vir. Ele *é* a face vista [*Ge-sicht*] de todas as coisas que estão aí [*weilend*]. Esse rosto de flor es-*vaziado*, des-*interiorizado*, sem Si, que *respira*, acolhe ou espelha montanhas e rios, terra, sol e lua, vento e chuva, humanos, animais, gramas e árvores poderia ser descrito como o lugar da afabilidade arcaica. O *riso arcaico*, essa expressão profunda da afabilidade, desperta lá, onde o rosto quebra a sua fixidez, se torna sem-*limites*, onde ele se transforma como que em um *rosto de ninguém*.

---

244. Ibid., p. 250.

Livros de **Byung-Chul Han** publicados pela
Editora Vozes

Sociedade do cansaço
Agonia do eros
Sociedade da transparência
Topologia da violência
O que é poder?
No enxame – perspectivas do digital
A salvação do belo
Bom entretenimento – uma desconstrução da história da paixão ocidental
Hiperculturalidade – cultura e globalização
Filosofia do zen-budismo
Morte e alteridade
Favor fechar os olhos – em busca de um outro tempo
Sociedade paliativa – a dor hoje
Capitalismo e impulso de morte – ensaios e entrevistas

CATEQUÉTICO PASTORAL

Catequese – Pastoral
Ensino religioso

CULTURAL

Administração – Antropologia – Biografias
Comunicação – Dinâmicas e Jogos
Ecologia e Meio Ambiente – Educação e Pedagogia
Filosofia – História – Letras e Literatura
Obras de referência – Política – Psicologia
Saúde e Nutrição – Serviço Social e Trabalho
Sociologia

TEOLÓGICO ESPIRITUAL

Biografias – Devocionários – Espiritualidade e Mística
Espiritualidade Mariana – Franciscanismo
Autoconhecimento – Liturgia – Obras de referência
Sagrada Escritura e Livros Apócrifos – Teologia

REVISTAS

Concilium – Estudos Bíblicos
Grande Sinal – REB

VOZES NOBILIS

Uma linha editorial especial, com importantes autores, alto valor agregado e qualidade superior.

PRODUTOS SAZONAIS

Folhinha do Sagrado Coração de Jesus
Calendário de mesa do Sagrado Coração de Jesus
Agenda do Sagrado Coração de Jesus
Almanaque Santo Antônio – Agendinha
Diário Vozes – Meditações para o dia a dia
Encontro diário com Deus
Guia Litúrgico

VOZES DE BOLSO

Obras clássicas de Ciências Humanas em formato de bolso.

CADASTRE-SE
www.vozes.com.br

EDITORA VOZES LTDA.
Rua Frei Luís, 100 – Centro – Cep 25689-900 – Petrópolis, RJ
Tel.: (24) 2233-9000 – Fax: (24) 2231-4676 – E-mail: vendas@vozes.com.br

UNIDADES NO BRASIL: Belo Horizonte, MG – Brasília, DF – Campinas, SP – Cuiabá, MT
Curitiba, PR – Fortaleza, CE – Goiânia, GO – Juiz de Fora, MG
Manaus, AM – Petrópolis, RJ – Porto Alegre, RS – Recife, PE – Rio de Janeiro, RJ
Salvador, BA – São Paulo, SP